나를 읽어 주는 심리책

내 안의 참모습을
발견하고,
이해하고,
인정하는 시간

나를
읽어 주는
심리책

김미숙 지음

유노
북스

일러두기

내용의 이해를 돕기 위해 저자가 주석을 붙였으며 참고 자료는 괄호 안에 출처를 표시했습니다.

심리학을 통해
나를 읽고 배운다는 것

생존이 화두인 현대 사회는 사람들 간 무한 경쟁을 부추기고, 말 그대로 '잘 살아남기 위한' 개인의 고군분투를 점점 더 강화한다. 이러한 상황으로 인해 분주한 일상에서 느껴지는 활기찬 역동성과 달리 사람들은 침체된 정서 속에서 소외에 대한 불안과 공허함 그리고 외로움을 느끼며 살아가고 있다. 이는 아마도 자기 삶의 의미와 방향을 미처 가늠하지 못한 채 성공이라는 목표 지향적인 행복을 추구하느라 생존 경쟁에 매몰되어 스스로 정서적 위기를 알아차리지 못하기 때문일 것이다. 설사 이 현상을 알게 되었을지라도 경쟁 구도에 매몰된 자신은 마음의 고통에 관심을 둘 여력이 없을뿐더러 위기에 처한 정서를 돌보는 방법에 취약하다.

이러한 정서적 위기의 공통적인 주제는 '친밀감의 부재'다. 행복감을 느끼는 공통된 요소 중 하나가 바로 정서적 친밀감이기 때문에 친밀감의 부재는 필연적으로 심리적 고통을 초래할 수밖에 없다. 보편적으로 인간관계에서 나타나는 친밀감의 부재는 개인의 자기중심성향*으로 인해 타인에 대한 이해와 공감 능력이 상실되어 가는 데 원인을 둘 수 있다. 자기중심성향은 자기이해(self-understanding)**에 대한 객관성이 결여된 채 타인과의 관계를 바라보는 것이다. 이로 말미암아 어쩌면 객관적인 자기이해는 편향된 자기중심성향의 굴레에서 벗어나 사회적 관계의 친밀감을 회복할 바람직한 계기가 될 수 있을 것이다.

사람의 행동에 관한 필자의 이해 중 하나는 '아는 만큼 행동한다'이다. 이 책은 이를 바탕으로 자기이해에 대해 객관적인 시선을 가지도록 돕는 책이라고 할 수 있다. 그동안 임상 경험을 통해 알 수 있었던 점은 '자기 자신을 잘 알게 될수록 타인을 더 잘 이해하고 공

---

* 아동기 인지발달이론의 용어이지만, 여기에서는 타인의 입장에서 사고하지 못하고 어떤 상황을 두고 타인이 자신과 같은 관점이나 생각, 감정을 가진다고 자의적으로 생각하는 태도를 말한다.

** 자기 자신에 대한 스스로의 인식.

감할 수 있게 된다'는 것이다. 이는 자기중심성향에서 비롯된 친밀감 부재에 따른 정서적 위기를 스스로 돌보게 하는 중요한 심리적 자원이 된다. 그런 의미에서 보면 삶에서 우울, 불안, 외로움 같은 정서적 고통을 느끼는 이유는 자기에 대한 객관적인 이해 없이 자신과 타인 그리고 세상을 바라보고 있기 때문일 것이다. 빈약한 객관성으로 자신을 이해하는 사람은 왜곡된 자기이해의 굴레를 벗어나기가 어렵고 진정한 내면을 만날 수 없는 고통에 스스로를 지속적으로 몰아붙이게 된다.

결국 '어떻게 고통을 바라보고 다루어야 하는가'는 '얼마나 객관성을 유지하며 자신을 바라볼 수 있는가'의 문제일 것이다. 만약 지금도 반복되는 고통을 경험하고 있다면 '아직 알아채지 못한 자신의 사각지대가 있을 수 있다'는 데 여지를 둘 필요가 있다. 그래서 나는 독자들의 자신에 대한 객관적인 이해를 간접적으로 돕기 위해 사례를 들어 그 과정을 소개했다.

소개된 사례들은 실제 특정 개인의 사례가 아닌 많은 임상 사례에서 볼 수 있었던 우리 삶의 보편적인 모습을 담은 가상의 이야기다. 내용에 자신의 경험을 비추어 따라가면서 미처 알지 못했던 자신의 모습을 발견할 수 있기를 바란다. 그것을 알아차리는 과정이 곧 자기이해에 객관적 입장을 취하게 되는 간접 경험일 것이다. 사례 속 인물들의 경험은 모두 다르지만, 그 경험을 관통하는 인간의 심리는 우리 모두의 이야기다. 이야기에 기꺼이 동참하며 자기 내면을 비추어 볼 수 있기를 바란다.

또한 이 책은 대상관계치료*와 수용전념치료**를 임상 경험에 적용하여 그 내용을 사례를 통해 풀어놓았다. 대상관계치료적 입장에서는 과거 중요 양육자와의 애착 관계 여부가 한 개인의 자아상과 타인에 대한 표상 그리고 거기에 얽힌 정서 관계를 결정짓는다. 이것은 이후 한 개인의 대인 관계의 기반이 되므로 결국 왜곡된 자기 이해로 관계 맺기를 반복한다면 그 과정에서 고통이 지속된다고 볼 수 있다. 본문에서 이러한 고통을 다루는 방식을 수용전념치료적 입장에서 사례를 들어 설명해 놓았다.

빠른 해결을 원하는 우리는 고통을 경험으로 받아들이지 않고 '생각'으로 부인하고 회피하며 이를 처리하려고 한다. 수용전념치료적 입장에서는 고통이란 결코 생각으로 해결되지 않으며 원하는 대로 제거되지도 않기 때문에 고통을 수용할 수 있는 방식을 이야기한다. 다시 말해서 회피하거나 부인하지 않고 자신 안에 담아내는 '머무르

---

*   대상관계이론(object relations theory)은 프로이트의 정신분석이론에 뿌리를 두고 있으며, 자신 외의 존재와 관계성을 가지는 의미로서의 대상(마음속에 존재하는 대상 이미지)과 자아의 관계를 연구하는 이론이다. 정신분석이론에서는 초기 주요 양육자와의 관계에서 대상 이미지가 형성된다고 말한다.

** 수용전념치료(acceptance & commitment therapy)는 인지행동치료의 제3동향으로 주관적 고통을 초래하는 생각이나 정서 같은 개인적 경험을 직접적으로 변화하려는 시도보다는 수용과 알아차림으로 자각하는 과정 경험을 강조한다.

기*경험을 강조한다.

이것을 이 책의 취지대로 이야기하자면 생각으로 해결되지 않을 고통을 자신을 돌아보는 과정, 즉 객관적인 자기이해를 통해 현재에서 새로운 자기 경험으로 삶의 변화를 이루어 내자는 것이다. 왜냐하면 고통을 있는 그대로 인정하고 수용하는 경험이 자기 삶의 가치를 향해 나아가는 과정에서 스스로 선택한 수많은 상황에 기꺼이 반응하는 내적 힘(용기)을 불어넣을 수 있기 때문이다. 이러한 의미에서 나는 독자들이 이 책에 동참하여 자신의 경험을 되돌아보는 과정을 통해 객관적 자기이해의 지평을 좀 더 확장할 수 있기를 바란다.

끝으로 아는 것만큼 써 내려간, 그래서 아직 다 전할 수 없는 미흡함에도 불구하고 불끈 용기 내어 글을 쓸 수 있도록 '있는 그대로의 나'를 믿어 준 고마운 지인들에게, 그리고 시간 내어 나의 글을 읽어 주는 '경험에 동참하여 주신' 독자들에게 깊은 감사를 전한다.

김미숙

---

*   게슈탈트 상담 기법 중 하나로 어떤 종류의 감정도 회피하지 않고 그 감정 상태에 머무를 수 있도록 격려하는 것을 말한다.

목차

2장
나를 읽어 주는 심리책

내가 사랑에
목마르게 된 이유
'어린 시절의 나' 다시 보기

3장
나를 읽어 주는 심리책

바쁘면
외롭지 않을 줄 알았다
'현재의 나' 알아차리기

4장

나를 읽어 주는 심리책

나도 몰랐던
내 모습이 있다

'있는 그대로의 나'와 마주하기

5장

나를 읽어 주는 심리책

두려운 나를 위해
마음 그릇을 빚는 법

'왜곡된 나' 용서하기

1장

나를 읽어 주는 심리책

왜 나의 감정은 항상
무시당할까

'자기중심의 나'에서 물러서기

○

인간관계가
만족스럽지 못한 이유

관계성에 근거한 심리학 입장에서는 만족스럽지 못한 관계 또는 관계의 결핍에서 오는 부정적인 상태를 '외로움'이라고 한다.

사실 인간관계에서 만족을 느낀다는 것이 쉬운 일은 아니다. 인간관계는 상호적이기에 한쪽의 만족이 다른 한쪽의 만족을 보장하지는 않기 때문이다. 만약 상대에게 바라고 기대하는 바를 상대가 다 채워 줄 수 있다면 이미 세상은 천국일 것이다. 이렇게 보면 세상이 그러한 천국이 되지 못하는 이유는 결국 상대가 나의 기대를 채워 줄 수 있다고 믿는 자신의 행위에서 오류가 시작되고 있음을 미처 알아채지 못하기 때문은 아닐까?

'상대방도 나와
같은 마음이겠지' 하는 착각

우리는 어느 정도 이러한 자기 기대와 믿음을 가지고 상대를 바라본다. 물론 그 정도와 수준은 사람마다 차이가 있지만, 자신의 상황에서만 기대와 믿음에 몰입하면 상대를 향해서 근거 없는 험담을 한다거나 지나친 통제와 집착을 보이는 심리적 부적응 문제가 생긴다. 다시 말해서 심리적 부적응은 상호적 관계의 본질을 이해하고 객관적인 입장에서 상대를 바라보지 않거나 혹은 '자기이해의 사각지대*에 대해 의심의 여지를 두지 않고 상대를 바라보는 자기중심적인 태도에서 비롯된 오류라고 할 수 있다.

자기중심성향을 가지고 관계를 바라보는 사람의 심리적 특징 중하나는 자신이 상대에게 일방적인 기대와 믿음이 있다는 것을 잘 알아채지 못한다는 것이다. 그리고 자신이 친절과 호의를 보이면 상대가 기꺼이 고마워해야 한다는 당위를 부여한다. 만약 자신의 당위적인 기대와 믿음에 즉각 긍정적으로 반응했다면, 그에게 그저 '당연한 결과'인 것이다. 그래서 자기중심성향이 강한 사람일수록 상대의 호의를 감사히 여기는 것이 힘들다. 하지만 관계는 상호성이 본질이기

＊　　자기 자신에 대한 인식이 미치지 못해 알지 못하는 '자기'의 일부 영역.

에 자신이 상대에게 기대하는 것처럼 상대 또한 나에게 기대하는 바가 있으므로 자기중심성향이 강한 사람과의 관계는 지속되기가 어렵다.

이렇게 생각하면 인간관계에서 오는 외로움은 어쩌면 관계의 상호성을 제대로 이해하지 못하고 자신의 태도가 관계에 어떤 영향을 미치는지에 대한 알아차림*이 부족하기 때문이라고 볼 수 있다. 결국 알아차림이 부족한 상황에서 상대에게 보내는 호의는 오히려 상대에게 부담스럽고 일방적인 요구가 될 수 있다. 그래서 자기중심성향이 강한 사람일수록 관계가 일그러지기 쉽다.

예를 들어 강렬한 짝사랑이 후에 분노가 될 수 있는 이유는 이러한 자기중심적 믿음을 전제하여 관계의 상호성을 객관적으로 가늠하지 못하기 때문이다. 다시 말해서 '상대가 나에게 기대하는 바가 없다면 내가 아무리 간절히 원해도 서로 사랑하는 관계를 이룰 수 없음'을 미처 가늠하지 못하기 때문이다. 왜 그럴까? 그만큼 '내가 간절히 원하는 것을 반드시 이루어야만 한다'는 믿음과 기대의 뿌리가 너무 깊고 견고해서 나와 다른 상대의 기대를 마주해야 하는 고통을

---

* 게슈탈트 상담 이론에서 나온 용어로 '자신의 주변이나 내면에서 무엇이 일어나고 있는가'를 인지하고, 그것을 현재의 자신과 타인 그리고 환경에 연결 지어 감각적으로 생각하고 느끼고 이해하며, 이것에 자신이 어떻게 반응하고 있는지를 스스로 아는 것이다.

수용할 수 없다는 것이 그 이유다.

우리의 외로움은 이렇게 시작된다. 관계의 상호성을 알아채지 못한 채 자기중심적인 만족을 우선하다가 마주하는 고통을 끝내 수용하지 못하고 외면한 끝에 지쳐 버린 것이다. 외로움이 시대의 화두가 되어 버린 지금, 어쩌면 우리는 관계에 독이 되는 '사각지대에 놓인 자기중심성'을 알아채지 못한 채 타인과 자신을 원망하며 스스로 관계로부터 멀어지고 있는 것은 아닐까?

○

혼자 잘해 주고
상처받는 사람의 심리

기대와 믿음이 자기중심적일수록 좌절에 대한 두려움도 크다. 상대에게 거절감을 느꼈을 때 강렬한 수치심을 느끼기 때문이다. 자신의 호의를 상대가 원하지 않아서 거절했을지라도 상대가 자신을 무시했다고 느끼는 것이 수치심이다.

자기중심성향이 강한 사람일수록 수치심을 자주 느껴서 상대의 거절을 곧 '내가 무가치하다'는 뜻으로 쉽게 왜곡해 버린다. 그래서 때로는 거절감이 예측되면 이를 회피하기 위해 미리 스스로 관계를 차단하기도 한다. 사실 이렇게 회피하는 태도는 '수치심으로 고통받는 자신'을 보호하기 위한 방어기제라고도 할 수 있다. 하지만 내면의 수치심을 이해하지 못한 채로 방어적 태도를 반복한다면, 그리고 이러한 자신의 패턴을 스스로 알아차리지 못한다면, 이후 다른 비슷한 상황에서도 상대로부터 느끼는 거절감을 피할 길이 없다.

혹시 상대방의 마음은 안중에 없지 않았나?

팀장인 A는 팀원 B를 각별하게 여긴다. A는 자신이 경험하고 알고 있는 것을 아낌없이 B에게 알려 주는 등 상사로서 역할을 충분히 잘하고 있다고 자부했다.

하지만 이와 다르게 B는 A가 일방적으로 자기의 생각을 강요하며 이에 따를 것을 요구한다고 생각한다. 가끔 A의 간섭이 너무 심하다 싶을 때는 이런 저런 핑계를 대고 그 상황을 피하기도 해 보았지만, A의 일방적인 간섭과 통제는 쉽게 멈추지 않았다.

스트레스가 심해진 B는 급기야 무관심한 태도를 보이기 시작했는데, A는 이를 두고 자신의 관심과 성의를 몰라보는 무례하고 태만한 사람이라며 주변 사람들에게 B에 대한 험담을 일삼았다.

A는 각별하게 여겼던 B를 왜 미워하게 되었을까?

A의 입장에서 본다면 분명 B의 태도가 문제일 것이다. 자기중심적인 태도로 상대를 바라보는 사람은 자기 입장에서만 상대를 바라본다. 그리고 상대가 보이는 태도가 곧 자신의 가치를 결정하는 근거가 된다. 그래서 자신이 기대했던 행동을 상대가 보여 주지 않으면 곧 자신을 무가치하게 여긴다고 간주하고 상대를 혐오하고 경멸하기 시작한다.

이는 자신의 호의를 상대가 어떻게 받아들일지에 대한 관심보다 자신의 기대에 부응해야 하는 상대의 태도에 집착하는 자기중심성에서 비롯된다. 자신의 욕구가 상대에게 관철되지 않으면 자기를 거부하고 무시한다고 왜곡하는 것이다. 즉 '무시당한다'로 다가오는 거절에 대한 두려움이 수치심을 자극하는 것이다.

이처럼 수치심을 견디지 못하는 사람은 상대를 경멸하거나 혐오하는 공격성을 심하게 나타내면서 관계를 더욱 악화시킨다. 일반적으로 사람은 어느 정도 자기중심적 성향을 가지고 있지만, 이것을 알아차릴 수 있는 객관적 태도를 갖추면 심각한 왜곡은 초래하지 않는다. 하지만 자기중심성향에 매몰된 사람은 자신의 호의를 받아 주지 않는 상대를 그야말로 나쁜 사람으로 간주하고 자신만의 마땅한 보복 절차를 밟아 나간다.

○

미움 또한
불안에서 온다

A 같은 사람이 상대를 향한 혐오와 경멸이 지나치면 망상적인 근거를 갖기도 한다. 망상이란, 근거 없는 이야기를 사실처럼 부풀리고 그것을 스스로 믿는 데서 비롯된 왜곡된 사고를 말한다. 증상이 이러한 사람이 보이는 흔한 태도 중 하나가 험담이다. 상대를 향한 자신의 혐오나 경멸을 당연하게 생각하며 주변 사람들에게 시시콜콜 늘어놓는 것부터 시작해서 자신만의 타당한 논리를 내세워 상대를 나쁜 사람으로 몰아가는 것에 골몰한다.

그렇다면 망상적 사고에서 비롯된 이러한 행동의 궁극적 목적은 무엇일까? 자신을 무가치하게 만들어 버린 그 상대를 어떤 식으로든 파괴하기 위함이다. 보이고 싶지 않은 수치심을 건드리고 마주하도록 몰아 간 상대를 어떻게든 응징하고 보복해야 하는 것이다. 상대를 어떻게든 깎아내리고 흠집을 내야 비로소 자신이 그보다 낫다는 것을 확인할 수 있기 때문이다. 그래야만 조금이라도 그 상황을 버틸 수 있는 위안을 얻는다.

이것이 왜곡된 망상에서 비롯된 행동임을 차치하더라도, 이런 사람은 자신의 수치심을 인정하기가 극도로 힘들기 때문에 이를 부인하고 외면하면서 위로를 얻을 수밖에 없다. 그래서 사실적 근거와 거리가 먼 망상을 통해 고통을 해결하려는 시도를 멈추지 않게 되고, 고통을 견뎌 내는 경험으로부터 점점 더 멀어진다. 이런 사람은 '고통을 있는 그대로 수용한다'는 것이 무엇인지 그 의미나 방법을 알아차리기가 어렵다.

그렇다면 이러한 보복을 통해 정작 A는 마음이 편해졌을까?

험담으로 상대를 깎아내려 상대적 우월감을 느껴야 비로소 위안을 얻는 A는 과연 행복하다고 말할 수 있을까?

A와 같은 성향의 사람은 늘 불안감에 휩싸여 있다. 수치심이 많은 사람은 자신의 수치심을 건드리는 상황을 극도로 두려워하고 누군가가 자신의 수치심을 알게 될까 봐 염려가 지나치기 때문에 늘

주변의 반응과 평가에 신경이 곤두서 있다. 이러한 사람은 지속되는 자신의 불안과 염려에 사실상 지쳐 있으며 이 상태에서 자신을 구제해야 한다는 갈망으로 스스로를 보기 좋게 포장한다. 이러한 까닭에 타인들이 보내는 긍정적인 인정과 관심을 얻기 위해 상대에게 호의를 베풀기가 쉽다. 여기에서 나오는 호의는 원만한 관계 유지에 필요한 배려와 존중과는 거리가 멀다. 자신의 수치심을 포장하기 위해 베푼 호의지만, 이 사람은 정작 자신의 선심에 숨은 동기를 알아채지 못한다. 다만 자기의 마음을 진정한 호의로 인정해 줄 상대가 필요할 뿐이다. 이러한 이유로 그는 상대를 자기 만족의 수단으로 여기기가 쉽다.

권위적인 부모에게
불안을 배운 아이

A 같은 성향과 행동 패턴은 일반적으로 부모의 양육 방식이나 훈육 경험에서 비롯된다. 부모가 자녀의 자율성을 인정하지 못하고 심하게 통제나 간섭을 하거나 권위주의적인 태도로 대할 경우가 그러하다. 다시 말해서 자녀가 자신의 요구보다 부모의 요구를 우선 들어줘야만 비로소 자신이 원하는 바를 요구할 수 있었거나, 요구를

표현하는 것조차 거의 허용되지 않았던 경우처럼 일방적인 의사소통 상황에 오랫동안 반복 노출된 경우가 그러하다.

부정적인 반복 경험은 자녀에게 힘을 가진 대상한테 내가 원하는 바를 요구하는 것이 소용없다는 무망감을 갖게 하고, 그러한 힘을 가진 대상에게 무조건 복종하거나 분노로써 반항하는 태도를 형성한다. 여기에서 상대가 어떠한 태도를 보이든 간에 자신이 원하는 대로 변하지 않으면 이를 해결하지 못하는 자신을 스스로 비난하며 무가치하게 여겨 수치심을 더욱 강화한다.

그래서 이런 사람은 겉모습과 달리 자신의 수치심을 건드릴까 봐 언제나 불안해하고, 스스로 수치심을 대면할 능력이 없기 때문에 늘 안전한 대상을 찾게 된다. 그러려면 상대는 자신이 가늠하기에 덜 위협적이면서 자신의 우월함을 인정해 줄 수 있는 대상이어야 한다. 그리고 그들에게 사사건건 관심과 인정을 요구한다.

직장에서 A 같은 성향을 가진 상사를 둔 직원의 고충은 이루 말할 수 없다. 상사로서의 지위나 힘을 부하 직원에게 남용하여 원하는 대로 상대방을 조종하려는 통제 성향을 강하게 나타내기 때문이다.

○

아무도 나에게
친절을 원하지 않았다

　현대 사회의 문명은 걷잡을 수 없이 고도화되고 사람들은 이러한 문명의 이기를 잘 누리기 위해 더욱 경쟁에 몰입한다. 성취를 위한 경쟁은 일에 대한 과도한 몰입을 초래하고, 이러한 몰입은 관계 영역에서 친밀감에 부정적 영향을 줄 수밖에 없다. 한정된 자원을 선점 우위 방식으로 나누어 가져야 하는 경쟁 사회에서는 관계의 상호성을 신중하게 고려할 틈이 없어 보인다. 상대의 욕구를 우선 배려하다 보면 내 몫을 빼앗길 것 같은 두려움이 생존에 불리한 역할을 하는 듯이 보인다는 것이다.

　이렇듯 사회적 맥락에서 바라본 한 개인의 욕구는 자기중심성향을 공고히 할 수밖에 없는 시대적 상황에 놓여 있다. 이는 개인적 맥락에서 살펴보아도 마찬가지다. 경쟁을 부추기는 사회 분위기에서 우리는 부지불식 강자로 살아남기 위한 교육과 질서에 길들여진다. 직장뿐 아니라 학교와 가정에서조차도 강자로 살아가기 위한 전략에 사활을 건다. 그래서 남에게 자신의 몫을 내주거나 함께 나누기보다는 자기 것을 우선해서 지키고 그다음에는 관계의 손익 여부를 따지며 타인을 고려하는 이기적 성향을 더욱 강화할 수밖에 없다.

이렇게 이기적 성향으로 강화되는 자기중심성은 관계의 상호성을 점점 더 알아차리지 못하게 하고, 그럴수록 소외감과 외로움도 깊어져 간다. 시카고대학교 연구 팀에 의하면 현대 사회에서 사망 원인의 총체적 요인이 사고 혹은 암이 아니라 정서적 외로움이라고 한다. 자기중심성향이 가속화될수록 외로움의 미궁 속으로 치닫게 되어 건강한 삶을 유지하는 데 여러모로 부정적 영향을 끼치게 된다는 뜻이다.

어쩌면 A도 자기중심성향에서 비롯된 '자기이해의 사각지대'를 미처 알아차리지 못해 점점 더 관계에서 소외되어 가는 자신을 느껴야 했을지 모른다. 우리가 여기에서 관심을 두어야 할 점은 A가 이러한 행동 패턴을 거듭하는 이유가 단순히 사람들의 인정과 관심에 몰입하는 겉모습 때문이 아니라, 자기중심적인 만족에 몰입하게 되

는 내면의 수치심을 객관적으로 이해하는 경험이 없었기 때문이라
는 것이다. 그래서 결국 A가 자신의 수치심을 알아차리고 이를 마주
하는 수용 경험에 스스로 동참하지 않는다면, 아무리 각별한 호의를
가지고 상대에게 다가간다고 해도 불안과 외로움의 굴레에서 쉽게
벗어나지 못할 것이다.

나는 상대방의
상대방이다

개인적인 견해지만, 관계의 영역에서 소위 '행복하다'는 것은 '정
서적으로 외롭지 않다'는 것이다. 그래서 어떤 이가 불행하다면 그
것은 외롭다는 것으로 본다.

이와 관련한 흥미로운 책이 있다. 진화심리학*적 입장에서 바라
본 행복에 대해 쓰인 《행복의 기원》에서 인간은 생존을 위해 진화하
고, 우리가 행복하기 위해 노력하는 것이 결국 생존에 유리하다고
이야기한다. 그리고 우리가 추구하는 행복은 먼 곳에 있는 것이 아

---

* 　인지심리학과 진화생물학에 뿌리를 두고 인간을 포함한 동물(유기체)의 심리를 생태학적이
　　고 진화학적인 관점에서 이해하려는 학문이다. 진화심리학은 신경계를 가진 동물에 모두 적
　　용할 수 있지만, 주로 인간의 심리를 연구한다. (위키백과)

니라 가까운 사람과 친밀감을 느끼며 함께 맛있는 음식을 먹고 이야기를 나누는 데서 온다고 말한다.

이런 측면에서 생존에 유리한 행복은 생각보다 가까이 있고 그다지 어렵지 않아 보인다. 하지만 다른 사람과 함께 있어도 외로움을 느낀다는 건 단지 사회적인 관계 안에 함께 있다고 외로움이 사라지지는 않음을 말해 준다. 이는 단지 '같이 있음' 이상의 무엇인가를 함께 공유할 수 있어야 한다는 의미일 것이다.

이런 입장에서 보면 인간관계는 서로의 기대와 욕구를 상호적으로 주고받을 만큼 관심과 노력이 필요하다고 말할 수 있다. 그리고 그러한 관심과 노력을 주고받기 위해 '나는 상대방에게 영향을 주는 상대방의 상대방'이라는 입장에서 각자 자신에 대한 이해와 돌봄을 우선할 필요가 있다고 본다.

경우에 따라 이러한 노력을 상당히 요구하는 관계도 있다. 부모와 자녀 관계가 그러할 것이고, 부부 관계 또한 그러할 수 있다. 가족은 관계를 유지하는 차원에서 다른 사회적 관계보다 상호성에 대한 이해가 지속적으로 필요하다. 그렇기 때문에 가족 관계에서 빚어지는 문제들은 구성원들 각자 '객관적인 자기이해'를 위한 노력을 우선해야 할 필요가 있다고 해도 과언이 아니다.

○

해소되지 않는
울분의 원인

L은 어머니를 죽일 듯이 미워했다. 그야말로 증오와 혐오와 경멸을 거듭하는 악순환 속에서 고통을 호소하고 있었다. 자신이 열등감에 시달리는 이유가 어린 시절 늘 동생과 비교하며 비난을 일삼은 어머니 때문이라는 것이었다. L은 지금까지도 어머니의 한마디가 머릿속에서 떠나지 않는다고 했다.

"넌 별로 내세울 것이 없으니 뭐라도 하나 잘해야 한다."

L은 이런 열등감 때문에 직장 생활을 하면서 상사로부터 조금이

라도 부당한 대우를 받았다고 느끼면 자신을 무시한다는 생각에 신경이 곤두서고는 했다. 뿌리 깊은 열등감으로 남들보다 뭐든 잘해야 한다는 강박을 느끼며 자신의 실수를 용납할 수가 없었고, 혹여 조금이라도 잘못된 일이 생기면 자기 탓으로 몰아가기 일쑤였다.

이러한 강박적인 스트레스가 극심할수록 스스로를 향한 원망과 수치심이 수시로 자신을 압도했고, L은 그럴 때마다 어린 시절부터 동생과 비교를 일삼은 어머니를 떠올리며 분노를 쏟아 내곤 했다.

비교당할수록 쌓이는
수치심이라는 감정

L의 경우처럼 어린 시절 내재화된 자기 가치는 현재의 행동은 물론이고 미래의 행동을 예측하는 데 중요한 심리적 요소다. 특히 비교에 따른 부정적인 평가는 인간이 경험하는 고통스러운 감정 중의 하나인 수치심을 유발한다. 수치심이란, 자신의 결점이 다른 사람에게 드러났을 때 스스로를 무가치하게 느끼는 감정으로, 특히 부모의 비난을 통한 부정적인 양육 방식은 자녀로 하여금 자신이 '무가치하다'고 느끼는 경험을 반복하게 하면서 내면화된 수치심(internalized shame)*이 형성되기가 쉽다.

일반적으로 흔히 경험하는 상태수치심(state shame)**은 짧고 강렬하게 자신의 상태에 대해 부끄러움을 느끼는 것으로, 스스로 과오를 되돌아보게 하는 긍정적인 기능을 한다. 하지만 L처럼 오랜 시간 다져진 내면화된 수치심을 가진 사람은 자기 개념(self concept)***이 부정적이며 타인들의 부정적인 평가에 민감할 뿐 아니라 이에 두려움을 느낀다. 그리고 더는 수치심을 느끼지 않기 위해 내적으로 고군분투한다. 이러한 내적 고군분투는 상대를 공격하거나 순종하는 태도를 통해서 혹은 회피하는 성향을 통해 외현적인 행동으로 나타난다.

그리고 내면화된 수치심이 강한 사람일수록 분노를 강렬하게 느낀다. 그 이유는 분노를 유발한 사건을 계속 곱씹어 생각하는 인지적 과정을 경험하기 때문이다. 이를 심리학 용어로 분노 반추(anger rumination)라고 하는데, 분노라는 정서를 인지적으로 해결해 보려는 반복적 시도로 인해 분노한 사건을 계속해서 생각하거나 분노한 상대에게 보복하는 생각을 거듭하기 때문이다. 분노 반추는 의도하지 않

---

*   수치심이 자아정체감 혹은 자아개념에 내면화되어 열등감이나 부적절감을 지속적으로 강렬하게 느끼는 경우를 말하며 이러한 지속성으로 인하여 만성화된 수치심이 되기 쉽다.

**   어떤 상황에서 양심에 의해 비교적 짧은 시간 동안 강하게 느껴지는 수치심이다. 자신을 돌아보도록 하는 반성적 기능을 제공하는 긍정적인 측면이 있다.

***   심리학에서 자아 개념 또는 자기 개념은 '자기와 타인의 관계에서 자기에 대한 인식, 자기의 신체적 특징, 자기의 성격과 능력 따위를 스스로 이해하는 모습'이다. (위키백과)

아도 지속적으로 반복되어 수치심을 지속적으로 자극해 분노로부터 쉽게 벗어나지 못하는 악순환을 거듭하게 한다.

○

억울한 마음,
화난 마음

그렇다면 L의 내면화된 수치심이 분노에 이르기까지 어떤 과정
이 있었을까?

'넌 별로 내세울 것이 없으니 뭐라도 하나 잘해야 한다'는 어머니
의 말이 L에게 과연 어떤 생각과 감정을 유발해서 분노가 지속되는
걸까?

사실 L을 더욱 자극한 일은 최근이었다. 어머니에게 자신이 상처
받은 이유를 설명했을 때 어머니가 변명을 하며 L의 이해를 우선적
으로 요구했기 때문이다.

"다 네가 걱정되어서 그랬다. 네 앞가림이라도 잘했으면 하는 마음에서 그런 말을 한 거지."

L의 분노는 바로 이 지점에서 시작된다. 왜냐하면 어머니의 염려에는 L을 위한 걱정보다는 당신의 수치심을 회피하려는 의도가 담겨 있기 때문이다. L의 입장에서 어머니의 변명은 어머니가 지난 과오에 대한 이해와 용서를 구한다기보다 여전히 어머니가 먼저 당신을 이해하고 과오를 용서하라고 요구하는 것처럼 여겨진다.

이는 L이 자신을 무가치하게 여길 수 있는 여러 이유가 된다. 왜냐하면 L의 어머니는 자신의 변명에 수치심을 숨기고 있다는 것을 알아차리지 못할뿐더러 오히려 자식의 이해와 용서를 통해 자신의 수치심을 회피하려 하기 때문이다. 이렇듯 자기에 대한 객관적인 알아차림 없이 자기를 방어하기에 급급한 변명은 아무리 최선을 다해서 이해받기를 원한다 해도 상대에게 분노를 일으킬 뿐이다.

물려받은 수치심이
나를 뒤튼다

사실 내면화된 수치심이 문제가 되는 이유는 오랜 시간 반복된 자기 왜곡이 곧 자기 개념이 되기 때문이다.

예를 들어 L에게 반복된 어머니의 비난, "뭐라도 하나 잘해라"는 '너는 동생보다 못나서 내 기대에 못 미쳐 속상하다. 그래서 뭐라도 잘해야 내가 덜 창피할 것 같다'고 여겨질 수 있고, 이것은 시간이 지나면서 '나는 무언가를 잘해야만 사랑받을 수 있다', '잘하는 게 없으면 사랑받지 못한다', '그래서 나는 쓸모없다'는 부정적인 자기 개념이 되기 때문이다.

이처럼 부모 자녀 간에 발생하는 내면화된 수치심은 부모의 내면화된 수치심이 비난을 통해 자녀에게 넘어가는 반복된 경험에 뿌리를 둔다. 이러한 떠넘기기 과정을 투사(projection)*라고 하는데, L의 경우처럼 가족 관계에서의 수치심 투사 과정은 오랜 시간 반복적으로 일어나기 때문에 만성적인 수치심(내면화된 수치심)이 되기가 쉽다. 이러한 만성적인 수치심으로 인해 수치심을 유발한 상황이 지났음에도 열등감이나 부적절감 혹은 부족함을 지속적으로 느끼는 것이다. 때문에 이를 인지적으로 해결하려고 곱씹는 사고(반추 사고)를 계속하면서 일상에서는 타인의 반응에 수시로 민감해지고 이에 분노나 험담

---

* 　받아들일 수 없는 충동이나 생각을 외부 세계로 옮겨 놓는 정신 과정. 방어 과정으로써 자신의 흥미와 욕망이 다른 사람에게 속한 것처럼 지각하거나 자신의 심리적 경험을 실제 현실인 것처럼 지각하는 현상을 말한다. (한국심리치료연구소 정신분석 용어 사전)

같은 공격적 행동을 반복한다.

하지만 이러한 공격적인 행동은 결코 L의 내면화된 수치심을 해결하지 못한다. 상대를 향한 공격적인 행동은 사실 미워하는 상대를 파괴하는 것이 아니라 자기 자신을 파괴하는 것이다. 왜냐하면 그러한 행동으로 L은 또다시 타인의 평가에 민감해지고 분노 반추에 따른 부정적 정서가 지속되어 불안과 우울을 반복할 것이기 때문이다. 그러다 보면 이 문제를 해결할 수 없는 자신의 취약함을 계속 마주해야 하는 고통을 피할 수 없게 되고, 이러한 수치심을 어머니에게 투사하여 멈출 수 없는 분노 행동을 지속해야 한다.

○

나의 감정에서
한 걸음 옮겨 서는 시간

내면화된 수치심에 대한 수많은 연구 자료를 보면 여기에 공통된 정서들이 있다. 분노, 우울, 고립감, 외로움 등이 그것이다. 그만큼 수치심은 부정적 정서와 밀접한 연관성이 있다. 내면화된 수치심은 대인 관계에서 외로움, 고립감, 열등감을 초래하여 부적응적 행동을 동기화한다. 이로써 자신의 정서적 만족에만 몰입하는 자기중심성 향을 더욱 강화하기 때문에 대인 관계의 상호성을 알아차리기가 어렵다.

그렇게 자기 만족에 몰입하다 보면 사회적 관계 유지에 필요한 지식이나 대인 관계 기술은 물론 타인에게 자신의 모습이 어떻게 비칠 수 있는지, 더불어 자신의 모습이 서로의 관계에 어떠한 영향을 미치는지에 대한 사회적 민감성이 점점 더 취약해진다. 이러한 자기 중심적 성향이 오랜 시간 동안 지속된다면 쉽게 개선되지 않는 성격 장애*로 굳어지기 쉽다. 특히 A와 L처럼 수시로 타인을 비난하고 험담하고, 분노하는 증상은 내면화된 수치심을 스스로 견디기가 어려워 이를 타인에게 떠넘기면서 오히려 관계를 더욱 악화시켜 스스로 외로움을 자초하는 자기패배적 특성들이 패턴화된 것이다.

내가 지나온 날을 짚어 보라

그렇다면 이러한 자기패배적 행동의 악순환에서 어떻게 헤어 나올 수 있을까?

L의 사례를 통해 짐작해 보면 결국 '수치심에서 비롯되는 부정적인 정서를 어떻게 다루어야 하는가'를 고민해 볼 필요가 있다. 그리

---

* 　행동, 습관, 사고방식 등이 지나치게 편향되어 문제를 일으키는 정신 질환. 청소년기나 청년기에 시작되어 생활에 계속 불행과 장애를 초래하는 경우로 정의한다. 성격이 너무 이상해서 당사자나 주변인이 정상적으로 살지 못할 정도라면 성격 장애, 인격 장애, 퍼스낼리티 장애라고도 한다. 사회적 주관에 따라 정의되는 장애이다 보니 사회의 변화에 따라 성격 장애의 의미가 바뀔 수 있다. (위키백과)

고 부정적 정서를 되풀이하는 부정적인 자기 개념에 대해 신중히 돌아볼 필요가 있다. 이것은 곧 부정적인 자기 개념을 객관적으로 이해하는 과정이 필요하다는 이야기다.

사례를 보았듯이 내면의 수치심을 이해하는 과정이 없다면, L은 분노를 되풀이하는 원인을 알 수가 없다. 또한 어머니에게서 비롯된 수치심의 투사 과정을 이해하지 못하면, 자신의 수치심을 알아차릴 수 없고 부정적인 자기 개념에서 비롯된 자신의 무가치함과 불안 그리고 외로움 같은 부정적인 정서를 점점 더 외면하게 될 것이다. 결국 '부정적 정서에서 비롯된 마음의 고통을 어떻게 바라보아야 하는가'에 대해 이해하려면 자신의 과거 경험에서 비롯된 자기 개념을 이해하는 과정이 필요한 것이다.

예를 들어 '화내다'에 대한 자기 인식(self-awareness)*이 부정적이라면 화를 내는 것이 자신에게 부적절감을 유발할 수 있다. 하지만 화 자체는 좋고 나쁜 것이 아니라 인간에게 유발되는 자연스러운 감정일 뿐이다. 왜냐하면 분명히 화가 나는 자기만의 심리적 근거가 있을 테니 말이다. 물론 화뿐 아니라 다른 감정도 마찬가지다. 이러한 자기 근거를 자기 개념에서 비롯된다. 그래서 화를 내는 자기만의 근거를 객관적으로 볼 수 있다면, 그것은 곧 자기 개념에 대한 이해를

---

* 동기, 욕구, 신념, 정서 등 자기 내면에서 일어나는 반응을 아는 것.

객관적으로 돌아보는 경험이 된다.

　만약 L이 자신의 수치심을 잘 알아차리면 현재 자신의 분노를 어떻게 바라보게 될까? 그리고 분노 같은 공격적 성향으로 관계에서 느끼는 소외감과 외로움은 어떻게 바라보게 될까? 이후 어떠한 방법으로 자신의 분노와 불안 그리고 외로움을 다루게 될까?

　이러한 궁금점을 가지고 이후의 이야기들에서 그 답을 찾아갈 수 있길 바란다.

2장

나를 읽어 주는 심리책

내가 사랑에
목마르게 된 이유

'어린 시절의 나' 다시 보기

○

'버려질 것 같다'는 두려움은 어디에서 오는가

자기중심성향이 강한 사람이 외로운 이유가 타인에 대한 배려와 존중이 없는 자기 만족적인 관계를 추구하기 때문이라면, 이렇게 자신만의 안위와 만족을 우선해서 추구하게 되는 심리적 원인은 무엇일까?

나는 과거를 맹신하지는 않지만, 과거를 전제하지 않고는 현재를 이해할 수 없기에 과거 경험에 대한 이해를 신중히 고려하는 편이다. 사람들은 종종 과거 속에 갇혀 회한으로 현재의 일상을 누리지 못한다. 이러한 모습을 안타까워하는 이들이 '과거는 지나간 일이야. 돌이킬 수 없으니 툴툴 털고 잊어라' 하며 조언하지만, 이런 말은

듣고 나면 이해받은 느낌이 들기보다 오히려 과거를 털어 내지 못하는 자신을 책망하게 되어 답답해진다. 그러다가 '내가 그걸 몰라서 못하나, 안 되니까 못하지'라는 야속한 마음이 들어서 화가 나기도 한다.

왜 우리는 원망과 회한 그리고 자책을 거듭하면서 과거에 집착하는 걸까?

타인의 거절에 민감해지는 이유

긍정적 영향을 주는 기쁘고 좋았던 기억들은 만족스러운 성취, 그리고 그것에 대한 사람들의 인정과 관심이 충만했던 순간들일 것이다. 하지만 대부분 후회와 회한을 초래하는 기억들은 이와 상반된다. 성공이나 성취가 아닌 실패와 좌절, 그리고 이에 대한 사람들로부터의 거절감, 무시, 상실감 같은 부정적인 정서 경험들이 지배적이다.

짧게나마 이를 근거해서 보면 정서는 모두 관계에서 빚어진 결과다. 그리고 이러한 정서는 자기 개념에서 비롯된다. 자기 개념은 어린 시절 부모(양육자)와의 관계가 중요한 영향을 미치는데 어린 시절 부모와의 애착 관계가 안정된 수준이었는지 혹은 불안정한 수준이었는지가 성인 애착에도 비슷한 영향을 준다.

양육 태도가 거부적인 부모에게 자란 사람은 거부에 대한 민감성이 상대적으로 높은 경우가 많으며, 대인 관계에서 거절에 대한 예기 불안을 경험하는 경우가 많다. 그래서 성인이 되어서도 다른 사람들에게 수용받기를 기대하는 강렬한 욕구를 가지고 상대의 반응에 매우 민감해하며 소위 거부당하지 않기 위해 상대에게 확인을 요구하는 집착 행동을 강하게 보인다. 친밀한 관계일수록 이러한 심각성이 잘 드러나는데 데이트 폭력, 의처증, 의부증 같은 경우가 이에 해당된다.

관계에 집착하는 성향은 자신이 버려질 것에 대한 예측된 불안으로, 상대의 부정적인 반응에 매우 민감하기 때문에 불안과 관련된 다양한 심리적인 문제를 낳는다.

관계에 너무 몰두하는(몰두형 애착) 사람은 버려지는 것에 대한 두려움으로 관계가 깨질 수 있는 상황을 지레 너무 많이 생각하다가 심할 경우 이에 대한 망상에 이르기도 한다. 이와 달리 관계 자체를 회피하는 방식으로 두려움을 표현하는(회피성 애착) 사람은 관계에서 초래되는 부정적인 정서를 억제하거나 심하게 통제하고 때로는 부적절하게 표출하여 문제가 된다.

○

어릴 적 부족했던 사랑까지
보상받고 싶어서

K는 어린 시절 부모의 이혼으로 친조부모 밑에서 자랐다. 부모님은 이혼 후 각자 다른 배우자를 만나 재혼했고 키워 주시던 조부모님마저 돌아가시자 K는 친척집에 맡겨져 불안정한 어린 시절을 보냈다.

K는 성인이 된 후 혼자 자취하며 직장 생활을 하다가 같은 회사에서 동료 H를 만나게 되었다. H는 평소 상사나 동료에게 친절하고 상냥하게 대하는 K가 좋았고, 이른 나이에 생활력이 강해 보이는 면에 매력을 느끼면서 K를 사랑하게 되었다.

하지만 시간이 지나면서 K는 H를 점점 힘들게 했다. 직장에서 함께 근무하면서도 H의 일상을 낱낱이 궁금해했고 자신에게 전부 알려 주기를 원했다. 만약 K의 요구에 H가 시큰둥하거나 외면하는 반응을 보이면 K는 그것을 두고 자신을 무시하고 사랑하지 않는다며 쉽게 분노했고, 분노를 멈출 수 있을 때까지 H에게 확인을 요구하며 집요하게 추궁했다.

시간이 지날수록 K의 이러한 증상은 심각해졌다. 거의 모든 일상을 H와 함께하기를 요구했고, 급기야 H의 사생활을 전혀 허용하지 않는 강한 통제 욕구를 드러냈다. 참다못한 H는 결별을 요구했고 단호한 H의 태도에 놀란 K는 H의 마음을 회유하려 했지만, 끝내 H가 마음을 돌리지 않자 분노하며 이전보다 더 강렬한 집착 행동을 보이기 시작했다.

상대방을 소유하려는
욕구와 부절제

불안정한 어린 시절을 보내야 했던 K는 깊이 내면화된 수치심으로 집착 행동을 보인다. 과거가 현재를 온통 지배할 수는 없지만, 앞서 말했듯이 과거 경험은 분명 현재에 상당한 영향력을 미친다. K는 이혼한 친부모로부터 '버림받은 아이'가 되었고, 이후 조부모님과 친척집을 전전하며 정서적 안정감을 박탈당했다. 이러한 정서적 박탈은 K에게 '돌봄과 관심'에 대한 집착을 낳을 수 있는 강력한 동인이 된다.

정신분석적 입장에서 아동은 초기에 적절히 충족되고 적절히 절제되는 안정된 환경에서 자라야 한다. 아동은 태어날 때 자신의 모든 욕구가 충족되길 원할 뿐이고 충동에 대한 절제와 금기를 알지 못한다. 그래서 안정된 부모의 돌봄 안에서 절제와 금기를 훈습하며 세상에 적응해 나가야 한다. 하지만 불안정한 돌봄 안에 거하는 아동은 자신의 욕구(충동) 자체에 오히려 심각한 불안을 느낀다. 왜냐하면 절제와 금기를 적절히 훈습하지 못해서 충동 조절에 취약한 자신이 두렵기 때문이다.

아동은 부모와의 안정된 관계 경험을 통해서 충동에 대한 조절력을 터득한다. 이러한 경험이 온전할수록 성장하면서 안정적인 인간관계를 맺을 수 있는 능력을 갖추게 된다. 그러나 부모가 방임하거나 엄격하게 통제하는 환경 안에서 훈육된 아동은 충동을 스스로 조절할 기회를 잃게 된다. 강요나 방임으로 훈육된 아동의 불안 수준이 높은 이유는 이러한 '절제 경험'을 훈습하지 못해서 자기 조절력*을 상실하기 때문이다. K의 경우 어린 시절 부모의 이혼과 재혼, 그

---

*   특정 상황에 대해 자신의 사고, 감정, 행동을 스스로 조율할 수 있는 능력. 정신분석적 입장에서는 억압된 충동 조절과 관련이 있다.

리고 친척집을 전전했던 불안정한 경험이 충동에 대한 자기 조절력을 취약하게 만들었다.

　불안정한 돌봄에 따른 정서적 박탈은 성인이 된 후 상대에게 집착하는 성향을 강화한다. 어린 시절 경험할 수 없었던 정서적 돌봄을 타인과의 관계에서 보상받고자 하는 것이다.

　박탈당한 만큼 충족하고픈 갈망은 마치 누른 만큼 튀어 오르는 용수철처럼 강렬하다. K의 경우처럼 불안정한 환경에서 지속적인 정서적 박탈에 따라 억압된 충동은 성인이 된 후에 강렬한 집착 행동과 돌봄에 대한 보상을 무의식적으로 요구하는 행동으로 나타난다. 결국 충동에 대한 자기 조절력이 취약한 K는 H에게 자신의 무의식적인 기대를 충족시켜 줄 것을 요구하며 만족할 때까지 H를 통제하려고 한 것이다.

○

스스로 떳떳하지 못한
사람의 행동

K와 같은 과거 경험이 아니라도 거절감이 반복되면 내면에 심리적 상처(수치심)를 입게 된다.

예를 들어 부모가 자녀의 행동을 비난하거나 자녀의 요구에 짜증과 무관심을 반복하면 이러한 모든 것이 '상대로부터 거절이나 버림받은 경험'으로 수치심이 되는 것이다. 수치심은 자신이 보이고 싶지 않은 결점을 다른 사람에게 의도치 않게 보이게 되었을 때 스스로 부적절하고 무가치하게 느끼는 감정이다.

아마도 K는 성장하면서 '부모에게 버림받았다'는 수치심이 자신을 지배하는 내적 고통이 되었을 것이다. 왜냐하면 '버림받았다'는 느낌은 자신이 '무가치하다'는 부정적인 자기 개념을 가지게 하고, 그러한 무가치함을 느낄 수 있는 수치심으로부터 자신을 지키기 위해 늘 애써야 하기 때문이다. 이것은 성장하는 동안 지속되면서 일종의 성격처럼 굳어 버린다. 일부 심리학자들이 '내면화된 수치심'을 한 개인의 성격이라고 정의하는 것도 이러한 반복적인 경험에서 형성되는 성격이라는 측면에서 보면 이해가 간다.

누군가는 자신을 바쳐야 하는 관계를 맺는다

어쩌면 우리가 흔히 말하는 '수치심이 많다'는 표현은 이렇게 반복되어 만성화된 '내면화된 수치심'을 일컫는 말일 것이다. 그만큼 내면화된 수치심을 가진 사람은 그렇지 않은 사람보다 일상에서 더 자주 수치심을 느낀다.

내면화된 수치심은 대인 관계 패턴에도 영향을 준다. 우선 다른 사람에게 지나친 순종과 자기 희생*을 할 수 있다. 자신이 상대로부

---

*　상호적인 관계에서 상대에게 조건 없이 '퍼 주는' 태도를 일컫는 말. 여기에서는 성장 과정에서 '내가 사랑받을 수 있는 사람인가'에 대한 의구심이 많을수록 '내가 먼저 상대에게 무엇인가를 내주어야 그에 상응하는 것을 받을 수 있다'는 무의식적인 전제하에 보이는 태도라 할 수 있다.

터 버림받거나 무가치하다는 수치심을 느끼지 않기 위해 타인의 눈치를 보고 타인의 요구를 우선해서 들어주려는 성향이 강화되는 것이다. 이러한 사람은 겉으로는 타인에게 자신의 욕구를 우선하지 않기 때문에 대인 관계가 원만해 보이지만, 사실 수치심을 느끼지 않기 위해 자신의 욕구를 부인하고 억제하고 있다. 하지만 부인과 억제가 오래 지속되면 심리적 부적응이 나타나기 마련이다.

또 어떤 사람은 순종이 아닌 공격적인 태도를 보인다. 다른 사람에게 순응하는 것과 달리 통제하고 지배하려 들며 사사건건 참견하며 자신의 영향력을 확인하려고 한다.

어떤 사람은 자기 자신이 부적절하다고 여기며 다른 사람에게 자신을 개방하는 것을 꺼리고 대인 관계를 회피하려는 성향으로 냉담해진다.

이 세 유형은 일반적으로 대인 관계에서 번갈아 나타나지만, 수치심이 만성화된 사람은 이러한 모습 중 한 가지가 고착되어 자신의 주된 대인 관계 방식이 된다.

K는 자신의 실제 욕구를 억제하며 타인의 반응에 순종적인 태도를 보여서 겉으로는 대인 관계에 별 무리가 없어 보인다. 하지만 이와 달리 K는 타인의 관심과 돌봄을 요구하는 내적 욕구가 강렬하다. 그래서 관심을 얻고자 타인에게 순종하는 것이다. 그리고 보이는 모

습과 다른 내면의 욕구를 들키는 것을 두려워한다. 자신의 정서적 결핍을 내보이는 것이 수치심을 자극하기 때문이다. 감추고 싶었던 '버림받은 아이'라는 고통을 드러내고 싶지 않은 것이다.

그렇다면 왜 K는 주변 사람들에게 친절하고 상냥한 것과는 다르게 H에게는 유독 강렬한 통제 성향을 드러내는 걸까?

○

사랑을 확인하기 위한
그릇된 방법

일반적으로 내면화된 수치심이 뿌리 깊을수록 자기 만족에 몰입하여 거절감에 대해 심한 분노를 경험하는데, 이것은 대인 관계 유지 차원에서 심각한 문제를 초래한다.

K의 강렬한 분노가 잘 드러나지 않았던 이유는 분노가 없었기 때문이 아니라 과도하게 억제하고 있었기 때문이다. 왜냐하면 깊은 수치심으로 사회적 평판에 민감할 수밖에 없었으므로 자신의 분노를 드러낼 수 없었던 것이다.

하지만 평판으로부터 덜 민감해도 되는 H에게는 K의 숨겨진 분노가 무절제한 행동으로 나타났다. 이 무절제한 공격적 행동은 K 자신의 인지 과정에 문제가 있다. 분노를 경험하는 사람은 분노를 유발하는 사건을 계속해서 곱씹는 사고 과정을 반복한다. 심리학에서는 이를 '분노 반추'라고 하는데, 이러한 행동이 초래되는 이유는 분노라는 부정적 정서를 인지적으로 해결하려는 거듭된 시도 때문이다. 하지만 반복적으로 생각할수록 오히려 부정적인 생각이 증가하여 오랫동안 부정적인 감정에서 헤어 나오지 못하게 된다. 이것을 반복하다 보면 분노가 조절되는 것이 아니라 도리어 분노를 초래했던 상황에 매몰되어 의심과 망상을 키우기도 한다.

이러한 의심과 망상은 불안에 근거한다. 그리고 K의 불안은 '버려진 아이'라는 내면된 수치심에 뿌리를 둔다. 자신이 H로부터 버려질 것 같은 의심 행동을 조금이라도 감지하면 불안이 엄습하는 것이다. H의 일상에 집착하는 이유도 K의 불안 때문이다.

이러한 불안이 증폭될수록 불안을 통제하기 위한 끊임없는 확인 작업에 몰두하게 된다. 다시 말해서 '자신을 버리고 떠나지 않을 것'에 대한 자기 방어적 확인에 강렬한 집착이 시작되는 것이다. K는 의심이 가라앉을 때까지 근거 없는 구실과 이야기를 만들어서 상대를 몰아붙이고 이것을 상대가 부인하거나 변명하려 하면 이를 두고 또다시 의심과 비난을 시작한다.

하지만 K는 자신의 행동이 상대에게 어떻게 느껴지는지 알지 못한다. K는 오로지 더 이상 '버려지는' 고통을 경험하고 싶지 않을 뿐이고 이에 스스로 확신할 수 있는 능력이 없으므로 H에게 확인받고자 하는 자신의 욕구에만 몰두해 있기 때문이다.

확인하려 할수록
상대방을 잃게 되는 모순

요즘 흔히 일어나는 데이트 폭력이나 가스라이팅, 그리고 부부간 불화를 초래하는 의처증과 의부증 같은 경우가 내면화된 수치심에 기인한 다양한 심리적 문제에 해당한다. 이러한 문제가 초래된 대부분의 경우 관계를 유지하기란 매우 어려운 일이다.

앞서 말했듯이 관계는 상호성을 전제로 자신뿐 아니라 상대에 대한 이해와 배려가 서로 오고 갈 때 원만하게 이어 나갈 수 있다. 하지만 K처럼 자신의 욕구에만 몰두하면 상대의 입장이나 고통이 보이지 않는다.

그런데 만약 H가 K의 자기중심적 성향의 심리적 근원을 이해하게 되었다면 K의 심각한 집착 행동을 측은지심으로 헤아려 주어야 할까? H의 관용적 태도는 K와의 관계에서 다소 신중할 필요가 있다. H의 입장에서는 K를 이해하려고 하지만, K는 자신을 향한 H의 이해심을 가늠할 수 없다. K의 경우처럼 자신의 기대 욕구를 충족하는 데만 몰두하는 자기중심성향이 강할수록 상대의 배려는 마치 밑 빠진 독에 붓는 물과 같고, 오히려 H가 이해하려 할수록 K의 집착과 요구는 더욱 거세질 것이다. 그러므로 이 문제는 서로의 관계 방식에서가 아니라 K의 내면화된 수치심에서 비롯됐음을 먼저 가늠해야 한다.

심각한 의처증이나 의부증 혹은 데이트 폭력에서 상대에게 신체적, 정신적인 폭력을 가하는 가해자의 공격적 행동은 가해자의 깊이 내면화된 수치심에서 비롯된 자기중심성향이 상대에게 심각한 집착과 통제 성향을 보인 경우다.

결국 K가 심각한 집착과 통제 성향에 따른 분노를 스스로 조절하기 위해서는 내면화된 수치심에서 비롯된 부정적인 자기 개념과 이에 따른 부정적 정서에 대한 이해를 스스로 자각할 수 있어야 한다. 그리고 이러한 자각은 자신의 '과거 경험에 대한 신중한 돌봄(자기이해과정)'으로써 가능하다는 것을 알아채야 한다.

명상이나 잠시 숨 고르기 등 외적 활동이 부정적인 사고와 정서에 따른 부적응 행동을 덜 하도록 일시적인 도움은 준다. 하지만 이러한 활동이 대부분 일상에서 일어나는 수많은 예기치 못한 상황에서 지속적으로 유효성을 갖지 못하는 이유는 과거 경험에 대한 자기

이해가 고통 속에 오랜 시간 방치되어 왜곡된 상태로 지금에 이르렀

음을 모르기 때문이다.

○

남들이 좋아하는
거짓된 나

분노에 따른 공격성은 폭력이나 험담처럼 밖으로 드러나는 경우도 있지만, 내면을 향하는 경우도 있다. 이러한 사람은 정서적으로 우울감에 시달린다.

J는 어려서부터 부모나 주위 사람들의 기대에 부응하는 아이였다. 학업뿐 아니라 사회적 관계 면에서도 타인의 기대를 우선적으로 부응하려는 J의 태도에는 늘 칭찬과 인정이 뒤따랐다. J 스스로도 자신은 충분히 사랑받는 존재라고 자부했다.

하지만 결혼 후부터 상황이 달라졌다. 배우자뿐 아니라 친정 부모님과 시부모님이 자신에게 보내는 관심이 어딘지 모르게 불편해지기 시작한 것이다. 특히 배우자로부터 느껴지는 혐오감이 큰 문제였다. 일방적으로 자신의 이야기만 쏟아 놓고 J의 일상에 관심을 두지 않는 배우자를 향해 J는 그동안 자신이 살아왔던 방식대로 불평 대신 이해와 배려를 우선했다. 하지만 배우자는 아랑곳 않고 J에게 더 많은 요구를 했다.

시간이 지날수록 J는 자신의 고통을 알아주지 않고 계속 요구만 하는 가족에게 화가 치밀고 답답했지만, 누구에게도 자신의 분노를 표출할 수 없었던 J는 탈출구가 없다는 생각에 심한 우울함으로 무기력한 나날을 보내야만 했다.

J의 사례는 전형적인 '착한 아이 콤플렉스'에 해당한다. 여기에서 초점을 맞추어야 하는 것은 두 가지다.

'착한 아이 J가 무엇 때문에 분노하는가?'
'그러한 분노가 왜 J를 우울하게 만드는가?'

이 또한 내면화된 수치심에 근거한다. 그런데 K의 경우와 달리 안정되고 충족된 환경에서 자란 J에게는 어떤 박탈감으로 내면화된 수치심이 자리 잡게 되었을까?

'착한 아이 콤플렉스'란, 타인으로부터 '착한 아이'라는 반응이나 평가를 듣기 위해 자신의 진짜 욕구나 소망을 부인하거나 억압하는 말과 행동을 반복하는 심리적 증상을 말한다.

아이는 성장하는 동안 부모의 돌봄과 양육이 필요하고 이러한 이유로 부모의 조건화된 양육 방식에 길들여질 수밖에 없다. 특히 권위에 순종적인 아이들은 부모의 기대에 부응하여 얻게 된 칭찬이나 인정과 흡사한 맥락적 조건을 갖춘 사회 질서나 규범에 순응해 가면서 더욱 '착한 아이'라는 반응에 강화된다. 반대로 순응하지 않음으로써 돌아오는 부정적인 평가로부터 자신을 보호하기 위한 방어 전략을 갖게 되는데, 이것이 바로 '거짓 자기'의 실체다.

심리학자 도날드 위니캇은 초기 양육 환경에서 아이의 '거짓 자기' 형성에 영향을 주는 발달적 요인 세 가지를 말했다.

첫째는 양육자의 적절한 돌봄의 빈도나 엄격성, 그리고 이를 지속하는 정도다. 둘째는 이러한 양육 방식에 대한 아이의 반응이다. 셋째는 아이의 돌봄 욕구에 양육자가 즉각적인 반응을 보이지 못하는 경우, 일종의 돌봄의 지연을 참을 수 있는 아이의 성향(기질)이다.

간략히 말하면 순응적인 성향의 아이일수록, 그리고 강요된 주변 반응에 강화될수록, 그리고 부모의 엄격한 기준이나 무관심이 반복될수록 아이가 '거짓 자기'의 모습을 갖게 될 확률이 높다는 것이다.

왜 나의 가치를
타인이 판단하도록 두는가?

사실 거짓 자기*의 주요 목적은 참 자기**를 보호하려는 것이다. 상대에게 거절당하는 상처를 입기 전에 상대가 요구하는 가치나 사회적 질서에 순응함으로써 자신(참 자기)을 보호하는 것이다.

J의 경우도 이 방법으로 오랫동안 부모의 기대나 사회적 기대에 부응하며 자신의 욕구를 억제하고 거짓 자기를 만들어 주변으로부터 얻는 인정에 나름 만족할 수 있었다. 그러나 타인의 만족을 우선하는 거짓 자기의 타인 지향적인 태도는 결국 타인의 비난과 평가에 취약하기 때문에 마음 한구석에 늘 불안이 도사리게 된다.

하지만 타인 지향적인 태도에서 비롯된 불안과 달리 참 자기의 자발적 선택에 따른 거짓 자기는 불안이 아닌 적응적인 자기조절 효과를 갖는다. 예를 들어 상황에 따라 자신의 감정을 적절하게 드러

---

*   도날드 위니캇(Donald W. Winnicott) 이론에서 나온 용어. 아동이 충분한 돌봄을 받지 못하는
        경우 관심과 인정을 받기 위해 환경에 순응하며 타인에 맞추는 일종의 방어기제로 형성된
        자기(self).

**   도날드 위니캇(Donald W. Winnicott) 이론에서 나온 용어. 초기 양육자의 충분한(good enough)
        돌봄을 통해 형성된 핵심 자기라 할 수 있으며, 여기에서 비롯된 내재된 잠재력을 통해 자신
        의 욕구를 적절하게 드러내며 표현적 삶을 살게 되는 자기(self).

내지 않는 정중한 매너라든가, 타인의 상황을 배려할 수 있는 사회적 마스크를 갖춘 사람들이 그러하다. 이런 행동은 자신의 욕구를 존중할 수 있는 참 자기가 선택한 거짓 자기의 모습이라 할 수 있다.

이와 달리 오랜 시간 반복된 거짓 자기의 모습으로 사는 사람들은 타인들의 긍정적 평가가 곧 자신의 존재 가치가 되기 때문에 주변의 평가나 시선에 취약한 모습을 보인다. 그리고 타인의 평가로 자신의 가치를 가늠하기 때문에 정작 스스로 자신의 가치를 가늠하는 것이 어렵다. 어쩌다가 자신의 가치를 스스로 느꼈을지라도 타인의 평가에 익숙하기 때문에 자기가 느낀 가치에 강한 의심을 반복한다. 그로 인해 오히려 자기 확인을 위하여 타인의 확인을 갈구하게 된다.

보편적으로 사람들은 이러한 성향이 강화된 사람을 마주하면 처음에는 동정과 측은한 마음을 느끼지만, 시간이 지날수록 반복되는 자기 확인 요구에 지쳐 이들을 피하게 된다. 결과적으로 자신에 대한 부정적 평가와 의심이 많은 우울한 사람은 '지지 기반'을 잃게 되어 사람들과의 관계가 소원해진다.

○

'그들이 맞고
내가 틀렸다'는 오해

J는 순응하는 방법으로 자신의 참 자기를 보호하려고 했다. 그런데 문제는 이렇게 욕구를 억제하려면 이성적인 노력이 적잖게 필요하다는 것이다. 욕구를 억제해야 하는 자신을 이해하기 위해 합리화를 하기 때문이다. 그리고 그 합리화 과정에는 부모의 잣대가 한몫을 거든다.

예를 들어 부모의 기대를 저버릴 수 없는 아이는 자신의 소망을 거두고 부모의 욕구를 우선해야만 한다. 그래서 '부모의 기대를 우선하지 않으면 나쁜 아이'라며 자기 왜곡을 하게 되고, 부모는 거짓자기의 모습으로 기대에 부응하는 아이에게 칭찬과 인정을 반복하며 거짓 자기를 부추긴다.

거짓과 공허함은
바늘과 실이다

이렇게 자신의 욕구를 거짓 자기에 헌납하며 살면 이를 기대한 부모로부터는 사랑을 얻지만, 결과적으로 이 사람은 참 자기를 외면한 대가로 정서적 공허함을 경험한다. 그럼에도 이 사람은 이 정서적 공허함을 여전히 거짓 자기의 방식으로 보상할 수밖에 없다. 그동안 타인 지향적인 태도로 살아왔기에 스스로 자신의 욕구를 돌보는 방법을 모르기 때문이다. 게다가 더 안타까운 사실은 현재의 거짓 자기에 이르게 되기까지의 과정을 스스로 알아차리지 못한다는 것이다. 만약 이후에도 이를 알아차리지 못한다면 J는 자신의 왜곡된 이해를 가지고 여전히 타인 지향적인 순응 방식을 답습할 수밖에 없을 것이다.

참 자기를 외면한 정서적 공허함으로 J는 또 다른 남모를 고통을 안고 있었다. J의 욕구는 이성적인 노력으로 억제되었을 뿐 사라지지는 않았기에 어떤 식으로든 부모의 통제에서 벗어나는 기회가 오면 소위 일탈 행위를 했다. 실제 J는 학창 시절 내내 부모가 금기시한 행동들을 하면서 들통나지 않기 위해 수시로 거짓말을 했다. 그러면서도 J는 거짓말하는 자신을 책망하며 겉과 속이 다른 이중적인 모습에 깊은 수치심을 느꼈다. 부모와 사회적 시선을 피해 몰래 일탈하는 자신을 스스로 나쁜 아이로 낙인하며 그렇게 수치심을 더 키워 간 것이다.

부정적 상황에 대한 책임을 자신에게 전가하는 죄책감은 곧 양심이라는 측면에서 어느 정도 필요하다. 하지만 이것이 불필요하게 지속되거나 모든 책임을 자신에게 몰아가는 방식은 죄책감을 넘어 자기 자신을 무가치하고 쓸모없는 존재로 느끼게 하는 수치심이 된다. 앞서 말했듯이 오랜 시간 학습하여 내면화된 수치심은 부정적 정서에 대한 자기 통제력을 상실케 하여 분노 반응을 야기한다.

타인의 평가에 민감한 J는 그 분노를 사회적 시선으로부터 '안전한' 자기 자신에게 돌린다. 은밀하게 저지른 일탈에 대한 죄책감과 부모님의 기대만큼 행복하게 살아 내지 못하는 원망을 자신에게 돌려서 스스로를 '부끄러운 아이'로 몰아세운 것이다. 하지만 거짓 자기를 알아차리고 이를 인정하지 않는 한, J의 타인 지향적인 태도는 지속될 것이며 불행한 내면을 들키지 않으려는 억지 합리화로 인한 불안이 계속될 것이다. 결국 탈출구를 찾지 못한 억제된 욕구는 분노라는 공격적 성향으로 나타나 자신을 향해, 끝없이 우울해지고 무기력해진다.

결국 이것은 J가 자신의 수치심을 이해하지 못하고 거짓 자기를 인지하지 못해 생긴 비극이다. J처럼 욕구를 지속적으로 부인하면 결국 정서적 공허함에 시달리고, 이러한 공허함은 끊임없는 불안과 우울 그리고 관계로부터 소외된 외로움을 초래하여 정서적 위기를 맞게 된다.

J와 같은 경우가 아니더라도 사회적 역할에 충실하면서 앞만 보고 달려오느라 자신의 욕구를 미처 돌보지 못했던 중년들이 뒤늦게 정서적 공허함의 위기에 놓이는 것도 거짓 자기에 대한 이해를 두고 보면 같은 맥락이라고 할 수 있다. 이는 6장에서 더 다루겠다.

감정도 대물림된다

우울증에 걸리는 착한 아이의 특징은 '싫어'라는 자기 표현을 하지 못하거나 다른 사람의 눈치를 살피는 신경증적인 모습을 보인다는 것이다. 이러한 증상의 이면에는 자책감이나 수치심이 깊이 뿌리를 내리고 있는데, 부모의 순종과 복종을 요구하는 지배적인 태도나 자기애 성향의 태도, 무관심이나 비정함 그리고 오히려 자녀에게 어리광을 부리는 등 비일관적인 양육 방식이 그 원인이다.

지배적인 부모에게 모순된 강요를 요구받으며 자란 아이는 자기 표현을 할 수 없는 무력감을 가지고 부모의 요구대로 순응하는 거짓 자기의 모습으로 살게 되며, 오히려 실제의 욕구를 드러내는 자신을 경멸한다.

자기애적 성향이 강한 부모는 자녀를 양육하는 동안 실수의 원인을 자녀에게 돌린다. '모든 게 네 탓이다'라는 비난을 일삼는 부모 밑에서 자란 아이는 실수에 대한 변명이 잦고 스스로를 향한 불신과 원망 그리고 자책을 반복한다.

그리고 무관심하거나 비정한 부모는 아이가 느끼는 위협을 모른 척하고 넘어가는 태도를 보임으로써 아이로 하여금 버려진 느낌을 가지게 만든다. 아이 자신은 세상과 타인으로부터 사랑받을 수 없는 존재라는 무가치함을 내면에 간직하게 되고 끊임없이 자신을 의심하며 자신에게 위협으로 느껴지는 대상과 맞서기를 두려워한다.

또한 아이러니하게도 강압적이고 지배적인 태도를 가진 부모는 외적 모습과 달리 내면에서는 심한 무력감을 느끼는 경우가 많다. 이들이 느끼는 무력감의 원인은 각기 다양하겠지만, 그들 역시 지배적인 부모에게 같은 방식으로 자랐을 확률이 많다.

결국 부모 자신의 수치심과 여기에서 비롯되는 지배적인 태도를 알아채지 못하여 자녀에게 대물림하는 세대 간 전수가 일어나는 것이다.

    J는 결혼 후 비로소 부모의 모순적인 태도를 깨달았지만, 결국 내면화된 수치심과 타인 지향적인 태도로 인해 분노를 스스로에게 돌리면서 오랫동안 우울과 무기력을 경험해야 했다. 거짓 자기로 살아온 J는 자기 스스로 욕구를 돌볼 수 있는 내적 힘을 가지기가 힘들다. 오히려 욕구를 드러내는 자신에게 당황하고, 분노하는 자신을 경멸한다. 설상가상으로 J의 부모 그리고 배우자나 시부모조차도 '안 그러던 사람이 갑자기 이상해졌다'며 J를 몰아세우기 쉽다. 그래서 J처럼 거짓 자기에 갇힌 사람은 '내가 진정 원하는 바가 무엇인지 잘 모르겠다'는 말을 버릇처럼 입에 달고 산다.

나를 똑바로
마주하기

사례에서 살펴보았듯이 겉으로 보기에 크게 문제없이 사는 J는
사실 외롭고 행복하지 않았다. 관계에서 비롯되는 부적응은 이처럼
불행함을 낳는다. 관계는 상호적이기에 왜곡된 자기이해로 마주하
는 타인과의 관계는 자신뿐 아니라 상대에게도 고통이 된다. 새로운
대상을 향해 나아간다 해도 온전한 자기이해 없이 상대를 마주한다
면 이전과 별반 다르지 않을 것이다.

이처럼 상호적 관계를 유지하기 위해서는 자기 자신에 대한 객관
적인 이해를 우선해야 하는데, 이것은 K와 J의 사례를 통해서도 잘
알 수 있을 것이다. 즉 자신의 과거 경험을 객관적으로 이해하지 않

고는 지금의 고통을 잘 다룰 수 없다는 이야기다.

자신을 이해하기 위해 과거 경험을 잘 돌보기도 해야 하지만, 방법적으로 나를 바라보는 방식도 고려할 필요가 있다. 일명 조하리 창(Johari's Window)*은 자기이해의 영역을 네 가지로 구분했다.

① 자신이 알고 있고 타인도 알고 있는 나
② 자신은 모르지만 타인이 알고 있는 나
③ 자신은 알지만 타인이 모르는 나
④ 자신도 알지 못하고 타인도 알지 못하는 나

관계에서 상호 작용이 가장 원활한 경우는 '자신도 알고 타인도 아는 영역'이 많아질 때다. 하지만 자신을 잘 알기 위해서는 '타인이 알고 있는 나'에도 관심을 기울일 수 있어야 하고, 반대로 '타인이 모르는 나'도 상대에게 잘 전할 수 있어야 한다.

'자신도 알지 못하고 타인도 알지 못하는 나' 영역은 정신분석적 입장에서 보면 무의식의 영역이라 심각한 심리적 부적응을 보이는

---

* 심리학자 조셉 루프트(Joseph Luft)와 해리 잉햄(Harry Ingham) 두 사람의 이름을 합성하여 개발된 심리 구조 모델. 의사소통 심리 구조를 네 가지 영역으로 나누어 인간관계 소통에서 빚어지는 개인 간 갈등을 분석하는 데 유용하게 적용할 수 있는 모델이다.

문제가 아니라면 굳이 일상에서 이를 드러내려고 노력할 필요는 없다. 하지만 이 영역을 제외한 다른 세 영역은 일상에서 자기 객관성을 이해하는 데 유용한 접근 방식이 될 수 있다.

의미 없이 에너지를
소모하지 않으려면

관계에서 비롯된 심리적 부적응 문제를 가지고 있는 대부분의 사람은 '자기이해'보다 타인의 행동에 더 많은 관심을 두고 이를 자의적으로 해석하느라 노력을 기울인다. 이러한 해석은 결국 자신의 부적응 문제를 상대에게 투사하며 판단하는 것이다. 하지만 자기중심성향이 강할수록 상대방에 대한 이해가 자신의 투사 과정임을 객관적으로 알아차리기가 어렵다.

우리는 모두 어느 정도 자기중심성향이 있다. 일상에서도 자기중심성향은 쉽게 접할 수 있다. 쉬운 예로 에스컬레이터 상행선과 하행선이 교차하는 지점에서 눈이 마주치는 경우, 사람들 대부분은 자신과 눈이 마주친 상대에게 더 관심을 둔다. 그리고 각자의 입장에서 그 타인의 시선을 해석한다. 이때 자기 만족에 몰입하는 자기중심성향이 강할수록 '저 사람은 나에게 관심이 있다'고 해석할 여지가 있다.

만약 이 상황에서 자기 객관성을 가진다면 마주친 시선을 어떻게 해석해 볼 수 있을까? 아마도 '그냥 눈이 우연히 마주친 정도'가 되지 않을까 싶다. 어쩌면 우리는 관계 안에서 이렇게 그냥 눈이 마주친 평범한 사건에 자신의 경험 방식을 투사하느라 상당한 심리 에너지를 소진하고 있는 건 아닌지 모르겠다.

물론 인간의 자기중심성향은 개인마다 다르고 이보다 훨씬 복잡하게 나타나지만, 여기에서 말하고자 하는 바는 객관적인 자기이해 없이 상대를 바라보는 것이 불필요한 심리적 소진을 초래할 수 있다는 것이다. 그렇다면 자신을 객관적으로 바라보게 되어 관계에서 빚어지는 불필요한 심리적 소진을 덜 수 있을 때 비로소 행복한 관계를 이루어 나갈 수 있지 않을까.

3장

나를 읽어 주는 심리책

바쁘면
외롭지 않을 줄 알았다

'현재의 나' 알아차리기

○

아직 누군가를 사랑할
준비가 안 됐어요

Y는 직장에서 일벌레로 유명하다. 그러면서 대인 관계에서도 평판이 좋은 인기남이었다. 하지만 연애 경험은 6개월 정도가 전부이고, 직장인이 되어서도 여자 친구가 없다. 물론 Y에게 관심을 보이는 여성들과 주변에서 소개해 주겠다는 제의도 제법 있었지만, 그는 늘 "아직은 준비가 안 되었어요"라며 정중히 거절했다.

연애와 결혼에 관심이 없지는 않았지만, Y는 이럴 때마다 혼란스러웠다. '준비되지 않은 자신'이 정작 무엇이 준비되지 않았는지, 왜 늘 그렇게 일에 쫓기며 자신보다 다른 사람들을 챙기는 게 우선인지, 그런 자신을 잘 이해할 수가 없었다. 하지만 Y는 일을 우선하지 않으면 무엇보다 자신이 불안했기 때문에 더욱 일에 매진할 수밖에 없었다.

사실 Y는 주변의 호의적인 관심에도 불구하고 늘 외로웠다. 게다가 인정받는 유능함과 달리 도태되고 좌절할지도 모른다는 심리적 압박에 쫓겼고, 이러한 긴장과 불안을 해결하기 위해 더욱 일에 매진하였다. 그러나 일에 매진할수록 그는 심리적 공허함을 느껴야만 했다. 유능함을 인정받았지만, 정작 외로운 자신은 누구에게도 이해받을 수가 없다는 생각에 더욱 그러했다. 하지만 평판에 민감한 Y가 남들에게 보이고 싶지 않은 자신의 속사정을 말한다는 것은 있을 수 없는 일이었다.

Y는 자신의 욕구보다는 사회적 기대에 부응하는 것이 행복한 삶이라고 생각했다. 자신보다는 가족과 친구를, 더 나아가 학교와 사회를 위해 기여하고 헌신하는 것이 옳고 선한 삶이라 믿는 그의 태도가 그것을 말해 준다. 그 덕분인지 학창 시절 학업뿐 아니라 다양한 활동에 솔선수범한 그는 남다른 칭찬과 관심을 불러 모았다. 이는 사회생활에서도 별반 다르지 않았다. 일과 함께 원만한 인간관계를 유지하는 그는 부족할 게 없어 보였다.

하지만 시간이 지나면서 Y는 점점 우울하고 무기력해지기 시작했다. 이전에 느껴 보지 않은 의욕 상실을 경험했으며 자신에게 기대와 관심을 보이는 주변 사람들에게도 슬슬 화가 나기 시작했다. 그렇지만 Y는 자신의 속마음을 표현할 수 없었다. 스스로도 자신의 모습에 당황하고 이를 인정할 수 없었기에 오히려 들키지 않기 위해서 더 많이 노력했다. 하지만 우울과 무기력한 상황은 호전되지 않았고 시간이 지날수록 더 깊은 외로움에 빠져들었다.

힘의 동기와
친밀감의 동기

프로이트는 인간 행동 동기로써의 심리 에너지를 리비도(libido)*라고 지칭했다. 생물학적인 입장에서 이것은 본능에서 비롯된다. 리비도는 크게 인간 삶의 두 영역에서 동기(motivation)로써 작용하는데, 하나는 힘(power)의 동기이고 다른 하나는 친밀감(intimacy)의 동기다.

가령 힘의 동기가 높은 사람은 사람들과의 관계에서도 상대에게 강한 영향력을 발휘하려고 하고, 일과 놀이에서도 경쟁적인 구도로 상황이 진행되는 것을 즐긴다. 반면 친밀감의 동기가 높은 사람은

---

*   프로이트에 의해 사용된 용어. 처음에는 막연한 성적 욕망을 가리켰지만, 후에 다양한 정신적 표상이나 마음의 구조에 투자될 수 있는 일종의 정신적 에너지로 여겨지게 되었다. (한국심리치료연구소 정신분석용어사전)

다른 사람과의 관계성을 중시하고 상대방과 대화 나누는 것을 좋아하며 동료에게 좋은 평판을 듣는 것을 추구하고 이에 충실한 자신에게 만족하는 편이다.

이 두 가지 동기는 본질적으로 양립할 수밖에 없다. 다시 말해서 힘의 동기가 높아 경쟁적이고 논쟁적인 사람은 친밀감에 대한 만족이 상대적으로 적을 수밖에 없고, 반대로 친밀감의 동기가 높은 사람은 경쟁과 논쟁에 취약할 수밖에 없다.

사실 삶의 동기는 사람마다 처한 상황에 따라 다르기 때문에 어느 쪽에 더 비중을 두어야 옳고 바람직한지를 논하는 것은 의미가 없다. 다만 둘 중 어느 쪽에 더 비중을 두느냐에 따라 다른 동기에 대한 만족이 상대적일 수밖에 없음을 인지하고 자신이 원하는 삶의 방향에 맞게 현실적으로 조율해 나가는 것이 중요하다.

○

하고 싶은 일이 아닌
해야 하는 일만 하는 이유

Y는 서로 양립하는 힘의 동기와 친밀감의 동기를 모두 충족할 자신만의 완벽한 균형점을 찾기 위해서 부단히 노력했다. 다시 말해서 일에 대한 성취를 통해 인정받기를 원했으며, 그래서 더욱 자신보다 타인의 기대 충족을 우선했다. 그러다 보니 늘 '해야만 하는' 당위들을 우선해야 했고 '하고 싶은' 자기 욕구는 뒷전이 되었다.

이렇게 '해야만 하는' 당위를 앞세우다 보면 마음의 부담은 당연한 몫이다. 특히 Y처럼 자기희생이 당연했다면, 내가 아닌 다른 누군가를 위해서 '해야만 하는데 하지 않는다면' Y 자신은 마땅히 비난받아야 하기 때문이다.

이러한 이유로 Y는 필요 이상의 겸손도 발휘해야 했다. 당위에 쫓기며 사느라 늘 긴장감과 부담감을 지고 살아야 하는데도 자기희생은 너무나 당연한 것이어서 누군가가 이를 두고 고마워해도 부인하기 바빴다. 안타까운 점은 다른 사람들에게는 Y의 내면이 보이지 않는다는 것이다. 게다가 Y 스스로도 자신의 수고를 부인하는데 굳이 타인이 애써 가며 알아봐 줄 리는 만무하다.

겉보기에 완벽한 삶에서
사치라고 생각한 것

그럼에도 불구하고 Y는 자신의 성취를 위해, 다른 이들의 기대에 부응하느라 정작 자신의 정서적 공허함을 돌볼 여력이 없었다. 야근을 밥 먹듯 하며 시간을 쪼개 쓰느라 연애할 시간도 없었다. 이런 와중에 자기 욕구를 돌보는 것은 사치스러운 낭비일 뿐이다.

Y처럼 성취동기에 강력한 동인을 가진 사람은 사회적 인정과 관심에 쏟는 열의와 달리 친밀감에 대한 자기 욕구를 돌보는 것을 하찮게 생각하는 경향이 있다. 그래서 설사 연애를 하더라도 그것이 그에게는 '해야만 하는' 일의 연장선이 될 가능성이 크다. 이성이 원하는 친밀감은 그에게 '해야 할 일'이 하나 더 늘어난 것이라 부담이

된다.

연애와 결혼에 대한 이야기가 나올 때마다 Y가 사람들에게 '아직은 준비가 안 되었다'고 말하는 것이 이해가 될 것이다. 그에게 연애와 결혼은 자신이 생각하는 완벽한 성취에 이를 때까지 결코 준비되지 않을 사회적 과업일 뿐 누군가를 사랑하고 누군가로부터 사랑받는 그런 친밀함은 아니라는 이야기다.

○

내게 정말 필요한
돌봄은 무엇이었나

결국 사회적 기대에 부응하느라 자신의 욕구를 부인하며 사는 삶은 행복하지 않다. 왜냐하면 자기의 욕구를 부인하느라 치른 내적 전쟁의 대가가 바로 정서적 공허함*이기 때문이다. 내적 공허함은 성취에 따른 칭찬과 인정이 아무리 충분하더라도 결코 위로되지 않는다. 왜냐하면 성공하느라 돌보지 않은 자기 욕구가 치러야 하는 대가가 소외와 외로움이기 때문이다.

만약 이를 알아차리지 못한다면 아무리 외롭고 힘들어도 지금까

---

* 내부 감정이 황폐해지고 환상과 소망을 잃어버릴 뿐만 아니라 외부 자극에 반응하지 못하거나 단순히 기계적인 반응만 보이는 주관적인 정신 상태. (한국심리치료연구소 정신분석 용어사전)

지 그래 왔던 대로 계속해서 일로써 성공해야만 한다. 성공으로 인정받는 것 외에 자신을 돌보는 방법이 무엇인지 잘 모르기 때문이다.

그렇다면 Y에게 초래된 내적 공허함과 무기력 그리고 외로움으로부터 벗어나기 위한 방법은 무엇일까?

일하는 대신 여자 친구를 만나고 결혼해서 배우자를 얻으면 간단히 해결되는 걸까?

당연하다고 생각한 임무에서
벗어나는 용기

이런 사람들은 연애를 하거나 설사 결혼에 이른다 해도 상대 배우자와 친밀한 관계를 맺기가 어렵다. 자신의 진짜 욕구를 부인할뿐더러 그것을 안다고 해도 등한시해서 이에 대한 돌봄은 우선순위에서 늘 뒷전이 되기 때문이다.

그렇다고 무조건 '성공보다 관계에 충실하라'고 감히 조언할 수없다. '~을 해라', '~을 해야만 한다'는 당위와 설득은 더 이상 고통을 해결하는 묘책이 아니다. 더 신중하게 표현하자면 우리가 삶의 문제로 흔히 접하는 이성적인 충고나 조언은 이미 충분하다고 해도 과언이 아니다. 대신 그러한 변화를 직접적으로 경험하기 위한 조금 더 명확한 자기이해 혹은 자기 객관화가 필요할 뿐이다. 그리고 그렇게 이해한 자신을 믿어 줄 자기 확인이 필요할 뿐이다. 이는 다시 말해서 '자신이 이해한 것들을 자기 경험으로 체득하기'까지 자신을 믿고 인내할 객관적인 근거와 타당함이 있어야 한다는 것이다.

그렇다면 다시 궁금해질 것이다. 어떻게 해야 이러한 객관적인 자기이해를 할 수 있는지 말이다. 이후 전개되는 사례를 통해 좀 더 구체적으로 이야기하겠지만, 사실 이러한 객관적인 자기이해는 단순히 이성적인 이해 수준에서 이루어지는 것이 아니다. 자신에 대한 과거 경험을 그저 기억하고 떠올리며 이를 재기술한다고 이루어지지는 않는다는 뜻이다.

경험적으로 보았을 때 나 자신을 비롯해서 사람들 대다수가 자기 객관화에 능숙하지 못하다. 왜냐하면 자기 이야기를 누군가에게 전부 속 시원히 풀어놓은 경험이 거의 없을 것이기 때문이다. 그렇게 하는 것만이 자기이해를 하는 유일한 방법은 아니겠지만, 고통으로 부터의 해방은 '객관적으로 자신을 바라볼 수 있는' 자신을 경험해야 비로소 가능하다.

Y의 경우도 그러하다. 실제 Y는 정서적 공허함과 외로움이 우울과 무기력이라는 증상으로 나타나기 전까지는 그동안의 삶의 방식

을 의심치 않고 믿은 자신을 미처 알아채지 못했다. 하지만 자신의 과거 경험을 되돌아보니 자신의 수많은 당위가 스스로 내적 고통을 만들었다는 것을 알게 되고, 그것들이 자신의 욕구를 얼마나 부당하게 옥죄고 있었는지를 알게 되었다.

Y는 이 점을 새롭게 인식하면서 비로소 자기 욕구를 인정할 수 있는 자신을 만날 수 있었으며 이전과 달리 덜 고통스러운 삶을 위해 자기 욕구를 돌보는 일도 직장 일만큼이나 중요하다는 것을 알아차리게 되었다.

이것이 의미하는 바가 무엇일까? 객관적인 자기이해의 경험이 자신의 불필요한 심리적 소진을 걷어 내고 정말 필요했던 자기 돌봄에 마음을 쏟게 되었다는 뜻이 아닐까?

'자기 욕구를 인정하고 돌보는 것'이 Y에게 자발적인 자기 선택이 되기까지 필요했던 것은 자신을 돌아보는 '객관적인 자기이해의 과정'이었다. 당연하다고 여겼던 '~을 해야만 한다'는 수많은 불필요한 당위를 '이것은 내가 할 수 있는 일' 혹은 '내가 할 수 없는 일' 그리고 경우에 따라 '이것은 내가 하지 않아도 될 일'이라고 생각할 자기 분별력을 갖게 됨으로 인해 비로소 자신의 욕구를 존중할 수 있게 되었다.

'자기 자신의 욕구를 존중할 수 있다'는 것이 단순히 자기 만족을 우선해야 한다는 '개인적인 당위'가 아님을 강조하고 싶다. 이는 객관적인 분별력을 가진다는 뜻이며, 그래서 관계의 상호성을 이해할 수 있는 새로운 시선에 마음의 여력을 둘 수 있다는 이야기다. 이렇게 보면 외롭지 않은 삶이란, 보다 객관적인 자기이해를 통해 자신에게 필요한 것이 무엇인지를 알아차리고 그것을 선택할 수 있다는 의미가 아닐지 생각해 보게 된다.

○

대안 없는 삶에서 생기는
감정들

결혼 15년 차 P는 졸혼*을 원했다. 40대 중반에 들어서면서 점점 더 부부 관계가 소원해져 감을 느낄 수 있었다. 사춘기를 넘어선 아이들도 더 이상 예전만큼 P의 돌봄이 필요하지 않았다. 결혼 후 스스로 전업주부의 삶을 선택하기는 했지만, 시간이 지날수록 P는 아내 및 엄마로서의 역할에 회의감을 느끼고, 혼자 조용히 자신만의 생활을 즐기고 싶어졌다.

---

*　'결혼을 졸업한다'는 뜻으로 이혼하지 않고 각자의 삶을 사는 형태다. 혼인 관계는 그대로 유지한 채 남편과 아내로서의 의무와 책임감에서 벗어나 각자의 여생을 자유롭게 사는 것을 의미한다. (네이버 사전)

이혼을 생각해 보기도 했다. 하지만 경제적으로 남편에게 의존하고 있었고, 실제 다른 일을 해 보겠다는 엄두도 나지 않아서 자신의 욕구가 실현되려면 남편의 경제력에 계속 의지해야만 했다. 게다가 자녀들에게 부모로서 책임감을 다하기 위해서라도 이혼은 안 될 일이기에 졸혼을 갈망하게 된 것이다.

몇 해 전 TV 프로그램을 통해 유명 연예인의 졸혼 일상이 소개되면서 사회적으로 결혼 생활에 대한 인식에 큰 파장을 일으켰다. 부부 생활이 원만치 못한 경우 이에 대한 가장 합리적인 법적 절차는 이혼이지만, 한국 사회에서는 아직 이혼에 대한 인식이 부정적이어서 이혼을 선호하지 않는 경향이 크다.

가령 이혼 당사자들에게는 '실패자'라는 사회적 인식과 함께 자녀에게는 '아비 없는 자식', '어미 없는 자식'이라는 사회적 낙인이 붙는다. 그래서 이혼이 아무리 부부 당사자 간의 선택이라 할지라도 이에 대한 부정적 영향을 감안하지 않을 수 없다. 또한 P처럼 남편에게 경제적으로 의존하는 상황이라면 이혼을 현실적으로 생각하기가 더욱 어려워진다.

그래서 P는 불만족스러운 결혼 생활의 대안으로 이혼보다 졸혼을 원했다. P에게 졸혼이란, '개인적으로 자유로운 시간을 갖는 것' 그리고 '하고 싶은 것을 마음대로 할 수 있는 것'을 의미했다. 가족에 대한 사회적 기대로 인해 주어지는 아내와 엄마로서의 역할에 충실한 삶을 사느라 P 개인의 욕구 충족이 부족한 터였다. P는 그렇게 자신만의 시간을 마음껏 갖게 되면 지금보다는 훨씬 행복해질 수 있다고 생각한 것이다. 하지만 P는 남편에게 경제적으로 의존하고 있었고 아내로서 남편에 대한 책임감은 저버릴 수가 없었다. 사실 경제적 독립은 현실적으로 개인적 자유를 마음껏 누릴 수 있는 중요한 요소다.

P는 자신의 태도에 스스로 혼란스러워했다. 정서적으로는 남편에게 부정적이지만, 현실적으로는 남편에게 의존했고 아내로서의 도의적 책임도 함께 느꼈다. 실제 P의 자녀들도 '우리를 탓하지 말고 엄마 스스로 이혼을 선택해도 된다'는 입장을 취해서 P는 졸혼을 원하는 자신의 입장에 대해 더욱 혼란스러워했다.

이상과 현실의 간극이 주는 좌절감과 무력감

P는 자유를 원하지만, 심리적으로 상당히 의존적이었다. 욕구의 양가적 태도는 혼란과 불안을 가중시키고 무기력을 초래한다. 사실 결혼과 이혼은 한 개인의 선택이기 이전에 가족에 대한 이해관계를

가늠하지 않을 수 없다. 자녀는 부모에 비해 이혼에 대한 시선이 그다지 부정적이지 않을 수는 있으나, 부모는 복잡하게 얽혀 있는 현실적인 이해관계로 인해 전적으로 개인적 선택에 비중을 두어 이혼을 결정하기가 어렵기 때문이다.

P에게 자유란, 부부가 각자 원하는 삶을 사는 것, 더 이상 기대 역할에 매이지 않고 각자의 일상을 누리는 것, 그래서 하고 싶지 않은 일은 하지 않을 수 있고 또 하고 싶은 일을 마음껏 할 수 있는 모습을 의미했다. 하지만 경제적으로 의존하고 있다는 현실적 이유로 P에게는 '어쨌든 결혼 생활은 유지해야만 한다'는 당위가 심리적으로 압박하고 있었기에 졸혼 외에 독립적으로 다른 대안을 찾을 수 없어서 스스로를 안타깝게 여기고 있었다.

이처럼 사람들은 보통 스스로의 선택이 아닌 '어쩔 수 없이' 선택된 삶을 살 때 좌절과 무기력을 경험한다.

○

외적인 관심과 인정,
성취와 보상의 이면

과연 P는 자신의 바람대로 졸혼이 현실로 이루어진다면, 우리가 이야기해 왔던 행복을 이룰 수 있을까?

그러한 P의 선택이 자신뿐 아니라 남편과 가족 그리고 다른 사람과의 관계에서도 행복한 마음을 유지하며 살 수 있는 최선이라고 할 수 있을까?

P가 결혼 생활에 불만족하는 가장 큰 원인은 남편과의 정서적 단절이다. 친밀감이 느껴지지 않는 남편과 함께 사는 것이 P는 행복하지 않았다. 그저 '어쩔 수 없이', '경제적으로 독립하지 못하므로', '정

서적으로 단절된 남편이어도 도의적인 책임을 다해야 하기 때문에', '아이들에게 부정적인 사회적 낙인을 경험케 하고 싶지 않아서' 등의 이유로 졸혼을 갈망했기에 현실에서 P는 무기력을 느끼고 있었다.

이만큼 정서적 친밀감은 인간관계에서 행복한 감정을 느끼게 하는 중요한 요건이다. 따지고 보면 성공적인 사회적 성취에 따른 행복감도 결국은 관계 안에 있는 사람들의 관심과 인정을 얻을 수 있기 때문이다. 이러한 이유로 사람들은 타인의 관심과 인정이라는 보상을 위해 끊임없이 사회적 성취를 지향하는지도 모른다.

하지만 이러한 보상을 맹목적으로 추구하는 사회적 성취는 내적 공허감을 낳는다. 왜냐하면 사람들 대부분은 '성취에 따른 성공'이라는 결과에 주목할 뿐 성취를 위해 노력하고 애썼던 보이지 않는 수고와 노고를 쉽게 알아채지 못하기 때문이다.

어쩌면 P 부부는 결과적인 성공에 집중하며 사느라 각자의 자리에서 애쓰고 수고한 점들을 서로 격려하며 사는 것을 잊었을지도 모른다.

부부간 정서적 소통이란, 단순히 달콤한 애정 표현을 주고받는 것만을 의미하지는 않는다. 서로가 살아 낸 하루 일과를 나누고 좋은 일이든 좋지 않은 일이든 그것을 해내느라 애쓴 서로의 수고를 알아주고 함께 나누는 과정 그 자체에 정서적 친밀감이 있다.

하지만 많은 사람이 각자 살기 바쁘다는 이유로, 자신을 돌보기조차 힘들다는 이유로 서로의 일상에 관심을 두는 것을 멀리한다. 그저 남들이 인정하고 칭찬하는 사회적 성취에 골몰하며 그것을 이루었을 때 잠시 기뻐하는 데 행복이 있다고 믿는다. 찰나의 기쁨이 행복의 필요조건일 수는 있지만, 충분조건은 될 수 없다. 그러나 현대 사회는 가시적인 사회적 성취를 곧 행복의 충분조건인 것처럼 부추기고 일상을 나누는 관계의 친밀함에 대해서는 관심을 두지 않는 듯하다.

P의 불만족스러운 결혼 생활은 부부 각자가 자신의 정서적 위기를 돌보지 못할 만큼 성취에 골몰하여 사소한 일상을 나누는 것이 부부 관계에 어떤 의미를 부여하는지를 미처 깨닫지 못했던 것에, 그리고 그러한 의미를 '나'부터 먼저 찾아보려는 시도를 우선할 필요가 있다는 것을 서로가 인지하지 못했음에 기인한다.

자기이해가 없으면
혼자든 함께든 외롭다

P는 자신이 진정 원하는 결혼 생활이 무엇인지 잘 알지 못한 채 원만치 못한 부부 관계에서 오는 정서적 외로움을 더 이상 해결할

수 없다는 무망감으로 결혼 생활의 대안을 찾으려 노력했을 것이다. 서로가 원하는 결혼 생활에 대한 의미를 찾아볼 여유도 없이 남편은 사회적 성취에, 아내는 자녀 양육에 힘을 쏟느라 함께하는 물리적 시간도 부족하고 이에 따른 신체적·심리적 에너지 소진도 컸을 것이다.

하지만 결혼 생활의 의미를 함께 공유할 수 없던 이유에는 서로 보이지 않는 자기이해의 사각지대가 있었다. 그것은 함께 직면한 현실을 각자의 방식대로 이해하고 그것을 상대에게 강요하거나 이해받기를 우선하는 자기중심적인 태도가 있었기 때문일 것이다. 앞서 말했듯이 자신의 태도가 상대에게 어떻게 비치고 받아들여질 수 있는지를 가늠치 못하면, 자신이 취하는 태도를 상대에게 온전하게 이해받을 수 없다. 반대로 자기 자신이 다른 사람에게 왜 그렇게 행동하고 있는지를 스스로 가늠치 못하면 그 또한 상대에게 자신을 이해받는 것이 어려워진다.

대부분 부부 관계의 갈등은 시가 문제, 처가 문제, 자녀 양육 문제 등 안팎으로 일어나는 사건에서 초래하지만, 그 갈등을 다루는 방식은 부부 각자의 내적인 심리적 태도에 기인한다. 다시 말해서 각자의 과거 경험 방식에 대한 객관적 이해가 이루어지지 못한 채 상대를 바라보고 있음을 미처 인지하지 못하는 것이다.

결국 자기이해의 사각지대에 놓인 자기중심성향에서 비롯된 자기 방식의 오류를 알아채지 못하면, 이후 졸혼이라는 선택으로 현재와 다른 삶을 꿈꾼다 해도 마주하는 고통의 내용은 크게 다르지 않을 것이다.

○

왜 나는 엄마와 같은 인생을
반복할까

만약 P가 졸혼을 선택했다면 실제 그 삶을 살아 봐야 마주하는 고통이 검증될 테지만, 분명한 점은 자기 자신을 충분히 객관적으로 돌아본 후라면 P의 선택이 졸혼이든, 이혼이든 혹은 결혼 유지든 간에 스스로 자신의 선택에 대해 이전과 다르게 반응할 수 있다는 것이다.

선택은 미래의 답을 결정하지는 않지만, 선택에는 반드시 그 선택으로 나아가는 과정에 책임이 따른다. 그래서 성공이나 실패 여부가 아닌 스스로 인정할 수 있는 선택이 되기 위한 객관적인 자기이해의 노력은 이후 선택한 삶을 이전과 다르게 책임질 수 있는(주도적으로 반응할 수 있는)* 타당한 근거가 될 수 있다.

P는 어려서부터 가정보다는 사회적 성취를 우선하는 가부장적인 아버지와 이에 외로움을 혼자 삭이느라 평생 행복하지 않았던 어머니를 보며 자랐다. 어머니의 우울과 불행을 옆에서 지켜보면서 P는 나중에 결혼을 하면 절대 아버지 같은 남자를 배우자로 선택하지 않을 것이라고 결심했다.

하지만 역설적이게도 P는 아버지 같은 배우자를 만나게 되었다. 아버지를 원망했던 어머니는 늘 우울하고 무기력에 빠져 있었으며 P에게 정서적으로 심하게 의존했다. 아이였지만 어머니를 정서적으로 돌봐야 했던 P는 이해심 많은 '어른 아이'가 되어야 했는데 P의 이러한 모습을 좋아한 남편을 만나 결혼하게 된 것이다. 자기중심적이고 자기 고집이 강한 남편은 이해심 많은 P가 언제나 자신의 편에서 이해해 주는 모습이 좋아서 P를 사랑하게 되었다.

하지만 결혼 후 P는 요구만 하는 남편의 모습이 점차 이기적으로 느껴지기 시작했고, 자신도 남편으로부터 이해받기를 원했지만 상대를 먼저 이해하려 하지 않는 남편의 태도에 심한 좌절과 분노를

---

* 영어로 책임은 responsibility(response+ability)다. 즉 상황에 적절하게 반응하는 능력을 의미한다는 측면에서 수용전념치료에서는 이 개념을 적용하여 상황에 따른 책임을 스스로(주도적으로) 반응하는 것을 의미한다. 책 내용에 기술된 의미도 이에 근거한다.

느껴야만 했다. 그리고 점차 서로 마주하는 기회가 잦아들고 무관심해지면서 결국 냉소적인 관계가 되어 버리고 말았다.

과거를 알았다면
앞으로의 인생은 내 몫이다

P는 자신의 과거 경험을 객관적으로 살펴보기 전까지는 졸혼에 대한 혼란이 어디에서 기인했는지 알 수가 없었다. P에게 졸혼은 자신의 욕구를 우선하는 '자유'였지만, 경제적으로 남편에게 의존하고 있었기에 현실적으로 P는 자신이 원하는 자유를 누리는 데 한계가 있음을 의식하고 있었다. 그리고 이러한 한계를 스스로 감당하기보다는 여전히 남편에게 경제적 도움을 바라야 하는 자신을 자책하며 원망했다. 또한 P는 이러한 자기 비난을 우선하느라 그동안 남편과 아이들에 대한 자신의 헌신을 과소평가하고 있음을 미처 깨닫지 못하고 경제적으로 의존하는 자신의 모습에만 몰두하며 스스로를 무가치하게 여기고 있었다.

P의 자신에 대한 무가치함은 과거 경험에 뿌리를 둔다. 사회적 성공에 대한 가치를 우선한 아버지가 가족의 뒷바라지에 전념한 어머니를 무시하고, 어머니는 이를 두고 당신 자신을 '무가치하다'고

여기며 스스로 위축되었다. 이렇게 아버지의 비난으로 내면이 일그러진 어머니를 보고 자라면서 P도 어머니와 동일시되어 자신의 헌신을 스스로 무가치하게 여기게 되었다. 다시 말해서 어머니처럼 살기 싫었지만, 어머니처럼 살고 있는 자신을 스스로 미워하고 돌보지 않은 것이다.

이러한 자기이해 과정은 P로 하여금 현재 졸혼에 대한 결정을 신중히 돌아보게 되는 계기가 되었다. 자신의 지나친 타인 지향적인 태도가 어머니와 동일시된 자신의 모습에서 비롯되고 있었음을 알게 되고, 그래서 돈으로 환산할 수 없는 가족에 대한 자신의 헌신을 스스로 무가치하게 여기고 있었기에 경제적으로 자유롭지 못한 자신을 스스로 무능하다고 생각하며 부끄러워하고 있었음을 알아차리게 된 것이다.

결국 P는 자신의 혼란이 어머니와 정신적으로 분리되지 못한 데서 비롯되었음을 알았다. 그리고 지금의 자신은 과거의 어머니와 충분히 다른 모습으로 살아가고 있음을 새롭게 인지하여, '남편에게 의존하고 있다'고 여긴 자신의 이해를 충분히 주도적인 것으로 재정의할 수 있었다.

사실 이렇게 자신을 객관적으로 돌아보고 미처 인지하지 못한 자신을 알아차리게 되었더라도 이후 P가 '어떤 선택의 삶을 사느냐'는 온전히 자신의 몫이다. 자기를 무가치하게 여긴 원인을 과거 경험을 통해 다시금 알게 되고, 실제 자신은 과거 '어머니와 동일시된 무가치함'으로서가 아니라 '현재 충분히 자신의 역할을 감당하는' 모습으로서 살고 있음을 인지하더라도 이후 졸혼이나 결혼 유지에 대한 선택은 P의 몫이라는 뜻이다.

다만 P는 어떤 선택을 하더라도 이전과 달리 새롭게 알게 된 자신의 모습으로서 이후의 선택 과정에 스스로 동참해야 한다. 다시 말하면 자신에게 문제가 된 정서적 외로움이 결혼이라는 상황과 배우자의 태도에서만 비롯되는 것이 아니라, 미처 인지하지 못했던 자신의 지나친 타인 지향적인 태도에서도 비롯되었음을 명확히 인지하는 데서 출발해야 한다. 그래서 졸혼이든 결혼 유지든 간에 이후에도 타인에 대한 이해심을 지나치게 우선하는 타인 지향적인 태도를 반복하지 않는 자기 돌봄의 태도가 준비되어 있어야 할 것이다.

자신이 원하는 바와 원치 않는 바를 명확히 인지하고 있을 때 자기 욕구를 상대에게 전달할 수 있고, 자신도 상대에게 적절하게 이해받을 수 있다. 그래야만 상대 또한 P에게 일방적인 이해심을 요구하는 부적절한 태도를 덜하게 될 것이다.

그리고 경제적인 부분에 국한해서 의존적인 자신의 모습을 보기보다는 현재 충분히 자신에게 주어진 역할을 감당하는 주도적인 모습 또한 염두에 두어야 할 것이다. 그래야 P 자신이 어떤 선택을 하든 그 선택으로 주어진 상황에 스스로 주도적으로 반응할 수 있는 사람(책임을 감당하는 사람)이라는 것을 자각할 수 있다. 이렇게 객관적인 자기이해가 충분해졌을 때 비로소 P는 자신에게 의미 있는 선택에 보다 가깝게 다가갈 수 있다.

○

나를 알아차리면
보이는 것들

현대 사회는 물질적 가치가 풍요로운 삶을 보장하는 것처럼 보인다. 돈이 많으면 물질적 풍요를 더 많이 누릴 기회를 보장받을 수 있고, 자신의 즐거움과 여가를 위한 시간도 충분히 만들 수 있어 보인다는 이야기다.

그래서 P처럼 의존적이기는 해도 경제적 여건을 갖춘 '졸혼'이 정서적으로도 풍족한 행복을 가져다줄 것이라는 기대를 할 수 있을지도 모르겠다. 그러나 경험적으로 보았을 때 사람들은 스스로 자신이 경험하는 일이나 상황에 의미나 가치를 부여할 때, 그래서 그 일을 하면서 자신이 느끼는 의미나 가치를 타인과 서로 공유할 수 있을 때 행복감이 높다.

나를 존중하는 나,
나를 보살피는 나

양립할 수밖에 없는 힘의 동기와 친밀감의 동기 사이에서 사람들은 자신만의 적절한 행복 지점을 찾기 위해 끊임없이 갈등하고 고민한다. 많은 사람이 이 두 가지 동기를 다 성취했을 때 행복하다고 믿지만 앞서 말했듯이 이는 불가능한 일이다. 양립할 수밖에 없다는 것은 곧 어느 한쪽에 관심을 둘수록 다른 한쪽을 그만큼 돌볼 수 없음을 뜻하기 때문이다. 이런 측면에서 본다면 우리가 행복하기 위해 사회적 성취에 매진할수록 내적 친밀함에 대한 만족은 그만큼 취약해질 수밖에 없다.

물론 사회적 성취를 통해 얻는 만족도 우리 삶에 중요한 부분이다. 그리고 이에 따른 사람들의 관심과 인정도 그에 못지않게 큰 만족을 준다. 더군다나 개인보다 집단을 우선하는 사회적인 맥락에서는 사회적 인정은 큰 보상이 된다.

하지만 Y처럼 사회적 인정이 자신의 삶에 고통을 초래하는 이유가 될 수도 있음을 알아차리면 그것은 Y에게 더 이상 온전한 행복의 요소가 될 수 없다. 개인의 욕구를 희생해야 하는 타인 지향적인 삶은 자기기만*과 소외에 따른 정서적 공허함과 외로움을 피할 수가 없기 때문이다. 정서적 친밀감은 단순히 관계를 맺기보다는 관계를 유지하는 데서 비롯된다. 관계를 유지하기 위해서는 상대뿐 아니라 자신에 대한 이해와 관심을 우선할 수 있는 자기 존중**으로서의 객관적인 자기이해가 필요하다.

P의 경우 부부의 정서적 단절은 어느 날 갑자기 초래한 부정적 경험이 아니다. 서로가 각자의 사회적 역할에 충실하며 그 역할 기대에 충실히 살아가느라 서로의 정서적 필요를 돌보지 못한 데서 비롯되었다. 그리고 이러한 위기가 자신을 돌아보지 못한 것에도 원인이 있다는 점을 미처 알아채지 못했을 것이다.

관계 유지는 단지 함께 있다고 되는 것이 아니다. 정서적 친밀함은 서로의 일상을 주고받는 상대에 대한 관심으로 유지된다. 그리고 상대에게 관심을 가지려면 무엇보다 자기 자신을 객관적으로 바라볼 수 있어야 한다. 자신을 건강하게 돌볼 수 있는 사람이 타인에게

---

* 실존주의 상담에서 다루는 용어. 자신의 실제 욕구에서 비롯된 생각이나 감정을 인지하지 못하거나 혹은 인지하더라도 실제 욕구를 스스로 용납하지 못해 자신의 참 욕구에서 비롯된 생각과 감정을 부인하며 자신을 속이는 행위를 일컫는 말.

** 자신의 실제 욕구에서 비롯된 사고와 감정을 존중하는 행위.

진정 건강한 관심을 줄 수 있다.

예를 들어 P가 정서적 돌봄에 대한 필요를 부부 관계를 함께 유지하는 데서 찾기보다 졸혼을 통해 찾기 원한다면, 경제적으로 의존할 수밖에 없는 상황에 스스로 책임져야 할 부분들이 있을 것이다. 실제로 남편과 이 부분에 대해서 합의를 이루어야 할 것이고, 그 과정에서 빚어지는 여러 정서적 갈등을 온전히 감당해야 할 것이다. 그리고 자녀들에게도 이러한 부부 관계에 대한 이해를 책임감 있게 전달해야 할 것이며, 이 과정에서 자녀들과 뜻하지 않은 상황이 발생하더라도 이 또한 자신의 선택에 따른 책임의 한 부분이라는 것을 수용할 수 있어야 한다. 그리고 자신만의 시간을 가지면서 혼자 감당해야 할 여러 상황에 어느 정도 마음의 준비를 갖추어야 할 것이다.

이러한 과정을 두고 '일어날 수도 있지만, 일어나지 나지 않을 수도 있는 일들을 미리 예측하고 대비하라'는 뜻으로 오해하지 않길 바란다. 선택의 결과는 경험해 봐야 아는 것이다. 하지만 적어도 자신이 하는 선택에 책임질 수 있다는 것은 그 선택에 대해 주도적으로 반응할 수 있는 자신을 스스로 알아차릴 수 있어야 가능하다. 그리고 이러한 알아차림은 객관적인 자기이해를 근거할 때 보다 명료해진다.

4장

나를 읽어 주는 심리책

나도 몰랐던
내 모습이 있다

'있는 그대로의 나'와 마주하기

○

나는 나를
어디까지 아는가

우리는 누구나 '아는 만큼' 생각하고 느끼고 행동한다. 이런 입장에서 본다면 결국 우리는 자신을 잘 알지 못하기 때문에 그만큼 부적응 태도를 보인다고 말할 수 있다. 하지만 사람들은 종종 '알지만 행동으로 옮기지 못하겠다'며 안타까워한다. 다르게 생각할 수도 있지만, 개인적 입장에서 본다면 이것은 문제 상황에 대해 자기이해가 빈약한 객관성을 가지고 있기 때문이다.

이는 곧 자신이 알고 있는 '나'의 영역에 아직 스스로 알아채지 못한 사각지대가 있을 수 있다는 것에 의문의 여지를 두지 않는 것과 같다. 불안은 이렇듯 미처 알아채지 못한 자기이해의 사각지대 영역에서 비롯된다. 다시 말해서 아는 것을 행동으로 옮기지 못하는 이유는 문제 상황과 그 안에 있는 자신을 객관적으로 바라보지 못해서 불안을 경험하기 때문이다.

어린 내게 무슨 일이
있었던 걸까?

앞서 살펴보았지만, 고통은 사건 자체보다 그와 연관된 인간관계에서 비롯되는 경우가 많다. 쉽게 말해서 목표 성취에 좌절할 경우 성취 그 자체보다 성취에 따른 인정과 관심을 얻지 못하는 것이 더 큰 마음의 고통이 될 수 있다. 그만큼 고통을 다룰 때 관계적인 요소를 배제할 수 없다는 이야기다. 그래서 일이든 관계든 간에 반복되는 좌절과 절망은 그것을 경험한 사람으로 하여금 무기력을 느끼게 한다.

부모와 자녀의 관계 불화를 예로 들어 보면, 일관되게 반복되는 부모의 완강한 태도에 자녀가 자신의 요구가 '소용없음'을 이해하게 되었을 때 무기력해진다. 다시 말해서 자녀가 더 이상 부모에게 기대와 소망을 갖지 못하면 무기력해진다는 뜻이다. 이처럼 무기력은 상대에게 느끼는 반복된 거절감을 피하기 위해 상대에 대한 기대와 애착을 스스로 포기하면서 냉소적 태도 혹은 무관심한 태도로 강화된다.

예를 들어 부모 자녀 관계에서의 반복된 거절 경험이 이에 해당한다. 거절 경험에 따른 불안은 '중요한 애착 대상으로부터 버려졌다'는 유기 불안에 대한 이해를 우선할 필요가 있다.

유기 불안은 아동의 초기 애착 형성 과정에 기인한다. 쉽게 말해서 아동과 양육자와의 불안정한 애착 관계에서 불안이 초래되는데, 이는 후에 성인 애착에도 비슷한 영향을 준다. 상대의 거절에 따른 불안으로 안정된 애착 관계를 유지하지 못하고 상대에게 집착이나 회피 성향을 나타내는데, 이처럼 반복된 회피와 집착은 버려질 것에 대한 두려움(유기 불안)에서 비롯된다.

○

내 진짜 모습을
들킬까 봐 두려워요

T는 많은 구독자와 팔로워를 자랑하는 상당한 영향력을 가진 SNS 크리에이터이자 인플루언서다. 그런데 SNS에서 보이는 활기찬 일상과 달리 실제의 T는 심각한 우울과 무기력에 시달렸다. T는 시간이 지날수록 현실과 인터넷상에서의 상반된 자신의 모습에 점점 불안해졌고, 그로 인해 호전되지 않는 우울감에 심리적으로 지쳐 갔다.

T는 겉으로는 사람들과의 만남을 선호하는 외향적인 성향을 보였지만, 실제로는 사람들과 어울리기를 극도로 꺼렸다. 하지만 자신의 속마음을 드러내지 않기 위해서 속으로는 엄청나게 이성적 통

제*를 해야만 했다. 이러한 과정 중에 T는 늘 원인을 알 수 없는 불안과 긴장감에 휩싸였고 점점 일상을 제대로 유지할 수 없을 정도로 불면증도 심해졌으며 과다한 음주 및 충동 소비와 같은 무절제한 행동도 빈번해졌다. 급기야 더 이상 자신을 스스로 지탱할 수 없을 것 같다는 위기감에 사로잡혀 주위 사람들에게 도움을 요청하고 싶었지만, 자신을 온전히 이해해 줄 사람이 없다는 생각에 깊은 외로움을 느꼈다.

나에게 보내는 위험 신호, 불안

T에게 무기력과 외로움을 초래한 불안을 관계적 측면에서 이해하기에 앞서 생존과 연관된 진화심리학 입장에서 이해해 볼 필요가 있다.

길을 가다가 갑자기 사나운 개를 만났을 때 가슴이 뛰고 호흡이 빨라지고 몸이 긴장하며 각성하게 되는 것은 그러한 위협으로부터 자신을 보호하기 위한 일종의 생존 대처법이라 할 수 있다. 그런 상

---

*   정서적 충동을 조절하려는 이성적 사고 억제.

황에서 우리의 뇌와 몸은 불안과 공포를 느끼며 그 상황에 맞서거나 회피하기 위해 준비 태세를 갖추는 것이다.

이런 측면에서 본다면 불안과 공포는 단순히 회피해야 하는 경험이라기보다 우리를 위협으로부터 안전하게 지켜 내기 위한 생리적인 각성으로써 필요한 정서 경험이라 할 수 있다. 그래서 불안과 공포 경험을 반복적으로 회피하거나 억제할수록 생존에 유리한 대처 경험에 취약해져서 또다시 불안과 공포를 회피하려는 성향이 강화되어 결국 위협으로부터 자신을 적절하게 지켜 낼 수 없게 되는 악순환에 빠지는 것이다.

○

당장의 회피 뒤에 오는
더 큰 불안

겉으로 보이는 모습과 달리 사람들을 만나기를 꺼리는 T 내면의 실제는 이러한 부정적 정서를 경험하고 싶지 않은 것에 기인한다. 하지만 T는 자신의 내면 욕구를 우선할 수 없다. 현실적으로 SNS를 통해 얻는 경제적 수입과 수많은 구독자와 팔로워가 보내는 인정과 관심을 외면할 수 없기 때문이다. 이를 유지하기 위해서는 SNS와 오프라인의 대인 관계를 병행해야 하고 SNS에서의 모습과 동일한 자기 정체성을 유지해야 한다는 부담으로 그는 더욱 자신의 내면을 감추어야 한다.

T는 이러한 괴리감으로 인해 끝없이 자기에 대한 의심과 싸워야

했고, SNS나 현실 상황에서 사람들을 만날 때 속사정을 들키지 않기 위해 늘 긴장해야 했다. 자신의 이중적인 모습이 드러나 그동안 영위하던 모든 것을 잃을 수도 있다는 불안감에 점점 민감해진 것이다. 그래서 T는 나름의 대처법으로 사람들과의 만남을 회피하기 시작했다.

단기적으로 보면 회피 대처 방법은 나름 효과적일 수 있다. 하지만 회피 행위가 주는 안위감은 일시적이며 이러한 일시적인 안위를 위해 회피 행동을 반복적으로 지속하다 보면 결국 관계 유지가 어려워지게 되어 이후 더 높은 수준의 부정적 정서 경험을 하게 된다.

즉 부정적 정서를 반복해서 회피하는 경험이 결국 부정적 정서 경험에 대한 대처 능력을 취약하게 만든 것이다. 한마디로 불안을 경험하지 않기 위해 선택한 회피가 도리어 불안을 증폭해서 대인 관계를 더욱 취약하게 하고 스스로를 관계에서 차단하는 외로움에 갇히게 된 것이다.

○

나 자신을
새롭게 이해할 수 있는 계기

　인간은 생각하는 동물이다. 인간은 동물과 달리 이성이라는 고유한 사고 능력을 가지고 생존 위협으로부터 자신을 안전하게 지킬 유무형의 수단을 발전시킬 수 있었다. 특히 생각은 심리적 안위를 지켜 내기 위해 유용한 도구다. 하지만 한편으로는 불안을 가중하는 원흉이 되기도 한다. 왜냐하면 자기 판단이나 해석에 갇혀 반복되는 생각이 고통을 괴로움으로 변질시키기 때문이다.

　고통과 괴로움은 달리 표현된다. 고통은 하나의 사건(event)이고 괴로움은 그 고통에 대한 자기 인식이다. 그리고 이 자기 인식은 자기 개념에 영향을 준다. 이런 측면에서 본다면 우리는 누구나 예외 없이 고통을 경험한다. 다만 자기 인식과 자기 개념에 따라 바라보는 상황이나 사건에 대한 해석이 달라져서 괴로움의 양상에 차이가 있을 뿐이다.

T의 무기력과 외로움의 배후에는 불안이 있고, 불안의 배후에는 부정적인 자기 개념이 있었다. 그만큼 고통을 바라보는 자기 개념이 부정적일수록 부정적인 정서를 더욱 빈번히 경험하고 괴로움이 오래 지속된다.

T는 자신의 이중적인 모습이 타인에게 알려지는 것에 대한 불안으로 안팎으로 일치된 모습을 유지하지 못하는 스스로를 책망했다. 그러면서 '나는 충동적이고 감정이라서 신중하지 못하다', '나는 나 자신뿐 아니라 다른 사람들을 속이고 있다'는 자기 평가로 '나는 이기적인 위선자다', '나는 사랑받을 가치가 없다'는 자기 개념에 깊게 사로잡혔다.

자책이 반복되는
부정적인 자기 개념

T의 경우에서 보듯이 부정적인 자기 개념이 하는 역할은 단순히

'부정적인 정서 경험'을 하는 것에 그치지 않는다. 더욱이 이러한 자기 개념을 어떻게든 해결하기 위한 생각과의 투쟁이 시작된다는 것이 문제가 된다. 안타까운 점은 생각으로 해결되지 않는 심리적 고통을 생각으로 해결하기 위해 애쓰다가 오히려 더 견고한 부정적인 자기 개념을 끌어안게 된다는 것이다. 그래서 고통을 효과적으로 해결하지 못하는 자신에게 자기 처벌적인 시도를 하게 되는데, 이러한 시도는 흔히 자책으로 나타난다.

실제 유능하고 완벽을 지향하는 사람일수록 자책을 반복적으로 한다. '모든 것을 혼자 감당해야 한다'는 당위적 강박이 자기 개념에 근거한 경우는 더 그렇다. 이러한 자기 개념에 근거한 자책이 반복되다 보면 실제 유능한 자신과 달리 내면에서는 자신을 '무능하다', '가치 없다'고 여기게 되고, 그런 생각에 사로잡히면 결국 우울해질 수밖에 없다.

이처럼 고통에 대한 괴로움은 자기를 바라보는 자신의 생각(자기 개념)을 변하지 않을 진실로 믿어 버리는 데서 비롯된다. 그렇다면 요지부동한 자기 믿음은 왜 생기는 것일까? 아마도 이러한 믿음을 고수하게 된 데는 그럴 만한 개별적 사정이 있었을 것이다.

여기에서는 T의 과거 성장 경험이 그것의 주된 이유가 된다. T의 가족 환경 그리고 이를 둘러싼 사회 문화적 환경이 T의 자기 개념에 영향을 주었다는 뜻이다. 물론 이것이 한 개인의 심리적 부적응을 모두 설명할 수는 없지만, 주변 환경에 상당한 영향을 받는다는 것은 분명한 근거가 된다.

나와 지난날을
재조명하고 분리하기

부정적인 자기 개념을 가지고 주관적인 고통을 경험하고 있다면 성장 과정이나 과거 경험을 잘 살펴볼 필요가 있다. 실제 상담에서도 주관적 고통을 호소하는 내담자들에게 가족과 친구, 직장 동료와 연관된 경험을 묻고 이에 대해 충분한 탐색 과정을 거치는 이유는 그들의 과거 경험이 자기 개념에 어떤 영향을 주었는지에 대한 객관적인 이해를 돕기 위해서다.

앞서 말했듯이 알고 있어도 행동으로 옮기지 못하는 대부분의 경우는 자신의 문제 상황에 대해 빈약한 객관성을 가지고 바라보기 때문이다. 따라서 부정적인 자기 개념에서 비롯된 심리적 부적응은 과거 경험에 대한 객관적인 이해가 필요하다고 말할 수 있다.

과거 경험을 객관적으로 재조명한다는 것은 무작정 과거를 긍정적으로 재평가하는 것이 아니다. 과거 경험에 대한 개인의 기억을 사실이라고 할 수는 없지만, 그 기억을 지배하는 고통과 괴로움은 자기 개념에서 비롯된 인지적 평가다. 따라서 자신의 인지적 평가가 괴로움을 초래하는 데 강력한 근거가 되는지의 여부는 과거 경험을 객관적으로 살펴보아야 비로소 가능하다. 그러므로 과거 경험을 객관적으로 재조명하려는 시도는 변하지 않을 것 같았던 자기 개념을 다르게 이해할 수 있는 전환적 계기가 된다. 스스로 미처 알지 못했던 타당한 근거들을 새롭게 발견하게 되어 (이해할 수 없어서 괴로웠던 심리적 이유를 알게 되어) 불안을 경감시킨다. 그리하여 자기 개념에 고착된 태도에서 한 걸음 물러나 멀리서 조망하듯 자신을 바라볼 수 있게 된다.

이런 관찰적인 태도는 문제에 매몰된 자신과 이것을 바라보는 자신을 분리하는 경험을 통해 고통 상황을 달리 설명할 수 있는 심리적 유연성*을 갖도록 한다. 이러한 이유로 심리적 유연성을 갖는 것은 경직된 믿음에서 초래되는 주관적 괴로움을 어느 정도 경감하는데 긍정적인 효과가 있다.

---

* 개인이 추구하는 가치나 상황적 맥락에 맞추어 자신의 행동을 효과적으로 조율하는 심리적 특성.

○

내가 아는 것과
모르는 것

결국 불안을 회피하기보다는 불안을 수용하는 자기 경험의 기회를 가질 필요가 있고, 자기 경험의 기회를 가지려면 과거 경험에 대한 자기이해를 객관적으로 재조명해 볼 필요가 있다.

문제 상황에 처한 사람들 대부분은 자신의 심리적 부적응을 '해결해야만 한다'는 당위에 쫓겨서 '내가 그 상황을 어떻게 바라보고 있는가'를 가늠해 볼 마음의 여유가 없다. 따지고 보면 마음의 여유가 고통을 해결하는 직접적인 수단은 아니다. 하지만 이것에 동참하여 자신을 바라볼 수 있게 될 때 비로소 문제 상황을 다룰 수 있는 내적 힘(심리적 유연성)을 가지게 된다.

인지심리학에서는 이를 두고 '메타인지'라는 표현을 쓰기도 한다. 이는 자신을 객관화하여 바라볼 수 있는 능력, 즉 자신이 알고 있는 것과 알지 못하는 것을 구별할 수 있는 능력을 말한다. 이것은 곧 자기 자신이 현재 그 문제 상황을 어떠한 이유들로 그렇게 바라보고 있는가에 대한 자기이해를 보다 명확하게 인지하는 것이다. 이러한 객관적인 자기이해는 불안을 경감시킨다.

가면을 쓴 내가
미울 수밖에 없던 이유

그렇다면 T의 '객관적인 자기이해'는 어떤 것일까?

말 그대로 '자신이 알고 있는 것과 알지 못하는 것'을 이해한다는 것은 무엇일까?

T는 자신을 겉과 속이 다른 '위선자'로, 타인의 평가에 휘둘리는 '비굴한 사람'으로, 그리고 무절제한 충동에 취약한 '신중하지 못한 사람'으로 여겼다. 하지만 T의 경험에는 자신이 미처 인지하지 못한 자기 개념들이 있었다. 그에게는 생활력 없는 편모슬하의 만이로 자라면서 자신의 욕구보다는 가족과 타인의 요구를 우선해야 했던 삶

의 그늘이 있었다. 그래서 자신보다 타인의 욕구를 우선해서 들어주어야만 사랑받을 수 있다고 여기며 다른 사람들의 시선을 의식했고, 그래서 자신의 정당한 욕구조차도 억눌러야 했던 억울함을 두고 '만약 내가 더 힘 있고 가진 게 많았다면 이렇게 애쓰며 살 필요가 없었을 텐데'라는 비굴함도 가지게 되었다.

그렇다면 T가 바라보지 못하는 자신은 어떤 모습일까?
위선자와 비굴한 사람의 이면에 T가 이해하지 못했던 혹은 이해하기 싫었던 자신의 모습은 무엇이었을까?

자신의 욕구를 부인하며 살 수밖에 없었던 상황을 위선이라고 한다면, 어쩌면 사회적 가면을 쓰고 사는 우리는 모두 위선자일 것이다. 그래서 사회적 가면 자체를 두고 위선의 시시비비를 가리는 것은 의미가 없다. 3장에서 다룬 거짓 자기에 대한 설명이 이것을 이해하는 데 도움이 된다.

자신의 참 욕구를 철저히 부정하며 타인 지향적인 삶의 태도로 사회적 가면을 쓰는 것과 자기 욕구를 인정하며 쓸 수 있는 사회적 가면은 대인 관계 면에서 상대에게 미치는 효과가 사뭇 다르다. 중요한 점은 자신의 욕구를 부정하는 데서 비롯되는 정서적 소외(외로움)가 스스로를 고통과 괴로움으로 몰아간다는 것이다. 이러한 고통을 감수하면서까지 거짓 자기의 사회적 가면을 쓰는 것이 자신에게 어떤 의미가 있는지를 스스로 가늠할 수 있어야 한다.

이런 측면에서 T는 자신의 욕구를 돌보지 못하는 데서 위선적인 자신을 느끼고 있음을 알아채지 못하고 있었다. 자신을 우선해서 돌볼 수 없었던 점도 아프지만, 그 아픔을 외면하고 '내 욕구를 돌보는 것은 낭비'라고 비난하며 자신을 몰아세웠다는 점을 알지 못하는 것이다.

○

나를 이기적이라고 여긴
오해

　욕구를 돌보지 않는 자신에 대한 이성적인 합리화는 내면화된 수치심에 근거한다. 내면화된 수치심은 자기 개념에 상당한 영향을 준다.

　T는 자신을 돌보지 않는 이유를 자신의 아픔을 돌아보는 데서 찾기보다는 타인이 T에게 관심을 두지 않는 데 초점을 두고 스스로 '나는 사랑받을 가치가 없다'고 바라보았다. 이는 상대로부터 수용받지 못하거나 거절감을 느꼈을 때 자신을 '무가치하다'고 여기는 수치심에서 비롯된다.

　이러한 자기 개념이 생기게 된 이유는 T의 과거 성장 경험에 있다. 생활력 없는 편모슬하의 어려운 가정 환경, 그리고 맏이로서의 책임감은 T가 자기 욕구를 돌보지 못할 이유가 충분히 되었을 것이다. 그리고 가족의 기대를 우선하며 살기 위해 누구보다도 노력했을 터였다.

자기 욕구를 우선하고 싶은 마음은 이기적인 것이 아니다. 그것은 인간의 자연스러운 욕구일 뿐이고 개인마다 자신이 처한 상황에서 허용될 수도 있고 그렇지 못할 수도 있기에 이기적이라고 단정짓는 것은 의미가 없다. 그런데 T처럼 자신의 욕구를 우선하는 것을 두고 '이기적이다'라고 단정짓는다면, T는 자신이 생각하는 '가족의 기대'를 다시금 살펴볼 필요가 있다.

깊이 묻어 둔 수치심,
어려워도 마주하기

사실 가족의 기대에는 T가 갖는 부담감에 대한 배려가 없었다. 오히려 의존적인 가족은 T의 외적인 성취들을 부추기듯 칭찬하며 '앞으로도 더 많은 성취를 위해 노력하라'는 부담스러운 격려를 아끼지 않았다. T는 이것을 '가족들이 나를 자랑스럽게 여긴다'고 해석해서 자신을 바라보았으며 이후 더욱 그들의 기대에 부응해야 한다는 자기 믿음을 강화했다.

그렇다면 T가 '위선적이다', '이기적이다'라는 자기 개념 속에서 미처 알지 못한 것은 무엇일까? 그동안 의심치 않았던 가족에 대한 자기 믿음이 오히려 자신에게 고통을 초래했다는 사실과 그래서 겪는 T의 내적 괴로움을 '의존적인 가족'이 솔선해서 헤아려 줄 수 없다는 안타까운 현실이다.

이러한 점을 알게 된 T가 이후 취해야 할 반응은 무엇일까? 취할 반응을 선택하는 것은 T의 몫이지만, 그 선택을 위해 고려해야 할 점이 있다면 바로 자신에 대한 새로운 이해를 이후 어떻게 적용할지를 가늠해야 한다는 것이다. 이에 대해 T는 자신의 깊은 수치심을 마주해야 하고 그러기 위해 과거 경험을 객관적으로 살펴보면서 더 이상 타인 지향적인 태도로 살지 않아도 되는 타당한 이유들을 발견해 나가야 한다. 이것은 곧 자신이 원하는 미래로 나아가기 위해 현재에서 과거를 재조명하는 자신의 경험에 기꺼이 동참해야 한다는 말이다.

사실 이러한 자기 경험은 고통을 직면하고자 하는 누구에게라도 그다지 달갑지 않을 것이다. 잊고 싶은 아픈 과거를 돌아보면서 그동안 굳게 믿으며 살아왔던 믿음들이 자신을 고통으로 내몰고 있었음을 알아차리게 된다는 것이 마냥 좋을 수는 없기 때문이다. 하지만 이렇게 달갑지 않은 경험들을 회피하면 할수록 자신의 고통이 계속 반복될 수 있다는 것 또한 외면할 수 없지 않은가?

괴로움을 회피하지 않는 용기,
견디는 힘

만약 이후에도 T가 새롭게 알게 된 자신을 이전처럼 계속 외면한다면 사회적 가면을 써야 할 때마다 자신을 계속 위선자로 몰아세울 것이다. 그리고 어쩌다 타인이 위로를 건네도 그것이 자신의 수치심을 자극해 오히려 타인이 나의 고통에 대해 쉽게 말하는 것으로 들릴 수 있어서 화가 날지 모른다. 마치 과거 T의 가족이 T에게 보냈던 "힘든 건 안다. 그런데 계속 열심히 살아야지" 하는 격려 속의 부담처럼 말이다. 그리고 그 말을 들은 T는 여전히 '부담스러워하는 자신'을 애써 부정해야 할 것이다. 그리고 이를 알고도 계속 외면하면 여전히 자신을 고통으로 몰아가게 될 것이다.

하지만 이것을 두고 '바람직하지 않으니 어서 자신을 인정하는 경험에 동참하라'는 강요나 설득으로 이해하지는 않길 바란다. 만약 알게 되었더라도 지금 당장 그것을 온전히 수용할 수 없다면 오히려 아직 준비되지 않은 자신을 있는 그대로 바라봐 주는 것이 필요하다. T가 그러한 경우라면 스스로 준비되지 않은 자신을 재촉하지 않고 있는 그대로 바라만 봐 주어도, 자신의 진솔한 감정을 애써 외면해서 스스로를 위선자라고 몰아갔던 자기기만은 반복하지는 않을 테니 말이다.

몰랐던 내 모습과
만나는 시간

있는 그대로의 자신을 이해하고 수용한다는 것은 어쩌면 우리가 직면하는 고통의 타당한 근거를 잘 알아차리게 되었을 때 가능하지 않을까. T가 경험한 과거의 어려움, 그리고 더 잘 살아 내기 위해 매 순간 자신과 싸운 보이지 않았던 고군분투, 이렇게 T의 삶을 한 걸음 물러나 돌아보면 초래될 수밖에 없었던 T의 불안과 무기력 그리고 외로움은 더 이상 이상할 것이 없다. 오히려 그러한 정서와 행동은 T가 살아온 과정 중에 빚어진 하나의 사건이다.

하지만 이렇게 되기까지 우리가 아직 알지 못하는 자기 모습이 있다는 것을 놓치지 않길 바란다. T의 경우에도 이러한 알아차림은 특별히 어떤 해결책을 제시하는 것도 아니고, 무엇을 더 해야 한다는 심리적 압박도 아니다. 그저 자신의 과거 경험을 돌아보는 과정을 통해 미처 알지 못했던 것을 알아차리게 되어 이후 달리 반응할 수 있는 새로운 기회를 맞았을 뿐이다.

만약 이렇게 알아차리고 난 후 T가 고백을 한다면 이렇게 말할 수 있지 않을까?

"나의 불안과 무기력 그리고 우울함은 이상한 것이 아니다. 오히려 나의 과거 경험을 돌아봤을 때 그것은 경험할 수 있는 하나의 개인적 사건이다. 지금의 고통은 내가 알지 못한 나의 모습들로 초래되었지만, 이를 두고 자책하는 것은 의미가 없다. 이후 '어떻게 내 삶을 선택할 것인가'에 스스로 동참하는 것이 더 의미 있다."

추측이긴 하지만, T가 자신의 고통을 이렇게 이해할 수 있길 바란다. 하지만 '알게 된 나'가 이후 자신의 반응에 동참하길 아직 주저한다면 이를 부인하거나 회피하기보다 그 자체도 스스로 인정해 주길 바란다. 말했지만 이것은 지금의 자신을 있는 그대로 수용한다는 측면에서 적어도 T가 말하는 위선자의 모습을 반복하는 것은 아니기 때문이다.

우리가 경험하는 고통과 괴로움은 어쩌면 있는 그대로의 자신을 인정하지 못해서 보기 싫은 자신의 모습을 몰아세우고 제거하려는 성급한 시도에서 비롯될지 모른다. 하지만 인정과 수용은 고통과 괴로움을 성급히 해결하려는 시도보다는 오히려 그것들을 나의 경험의 일부로 바라봐 주고 이해해 주는 과정에 나 스스로가 기꺼이 머물러 주는 것이다.

결국 '알아차림'이란 어떤 의미일까? 그것은 현재 자신이 생각하고 느끼는 바를 그대로 자신에게 반영하듯 읽어 주는 것이다. 만약 여기에 과거 경험을 객관적으로 돌아보는 과정을 더했다면 '자신을 읽어 주는' 알아차림이 이전보다 더욱 분명해질 것이다.

이렇듯 분명한 알아차림은 자신의 정서와 행동을 이해하게 되어 불안 수준이 경감되는 긍정적 계기가 될 것이다. 이는 곧 이전과 달리 고통을 마주하는 심리적 유연성을 가지게 되었다는 의미다. 어쩌면 자신을 있는 그대로 읽어 주는 알아차림이란 자신의 고통을 회피하지 않을 수 있는 내적 힘을 갖게 된다는 말이 아닐런지.

○

지금 여기
있는 그대로의 나에게

결국 우리는 아는 만큼 생각하고 느끼며 행동한다. 그렇다면 현재 우리의 행동은 자신이 알고 있는 수준에서의 자기이해의 결과물로 볼 수 있다. 그래서 현재 알고 있는 것들로 괴로움을 겪는다면 '내가 미처 알아차리지 못하는 것이 있을까?' 하고 스스로 자문해 볼 필요가 있다. 그리고 그에 대한 답을 구하기 위해서 객관적인 자기이해 경험에 스스로 동참하는 것이 필요하다.

객관적인 자기이해의 과정은 미처 알지 못한 자신을 알아차림으로써 고통을 마주하는 불안을 경감시킨다. 그리고 자기 생각에 갇혀 그동안 옳다고 믿었던 자신을 새롭게 이해하게 됨으로써 변화에 대한 자발적 동기를 가지게 한다.

자신에 대한 새로운 이해는 대부분 미처 알아채지 못했던 자신의 긍정적인 면일 경우가 많다. 왜냐하면 대부분 괴로움은 긍정적 자기이해보다 부정적 자기이해에서 비롯되고, 이렇게 부정적인 사고와 감정에 몰입하다 보면 자신의 긍정적 경험을 알아차리기가 쉽지 않기 때문이다. 부정적인 사고나 정서를 해결하려거나 제거하려는 시도들은 이미 부정적인 사고와 정서가 괴로움을 초래하는 '안 좋은 것', '나쁜 것'이라는 자기 평가에 근거한다. 그렇기 때문에 이러한 자기 평가는 말 그대로 경험을 회피하여 오히려 이에 대한 부정적 사고와 감정을 증폭하게 되는 결과를 낳는다. 살펴보았듯이 그것은 좋고 나쁨의 시시비비를 가릴 수 있는 문제가 아니라 개별적인 타당함을 가진 하나의 개인적 사건일 뿐이다.

실제로 나는 상담하는 과정에서 내담자들이 호소하는 문제를 들을 때, '아마도 그것은 어떤 식으로든 그럴 만한 이유와 근거가 있기 때문'이라는 것을 전제하면서 그러한 문제가 생긴 개별적 상황을 객관적으로 고려하며 과거 경험의 이야기를 다시금 들여다본다. 그러다 보면 자신이 문제라고 생각했던 것들이 문제가 아닐 수도 있는 근거를 제법 많이 발견하게 된다. 그리고 이것을 알아차리는 경험만으로도 내담자들은 자신의 불안 수준이 많이 낮아지는 경험을 한다.

이것은 단순히 문제 상황을 긍정적으로 바라보게 하려는 설득적 시도가 아닐뿐더러 그럴 필요도 없다. 왜냐하면 정말 나에게 문제를 해결하기 위해 필요했던 것은 자신의 아픔을 미처 돌보지 못했던 이유를 객관적으로 아는 것이었고, 그런 이유를 잘 알지 못했음에도 불구하고 지금까지 어떻게든 그것을 견디며 살아온 자신을 지금-여기에서 '알아차리는 것'이기 때문이다.

알아차림의 다른 말, 나를 읽어 주기

나는 '알아차림'을 '자신을 있는 그대로 읽어 주기'라고 말한다. 마치 책에 있는 글을 문자 그대로 읽어 주듯이 일단 자신을 그렇게 읽어 주는 것이다. 처음에는 잘 이해가 가지 않아 힘이 들 수도 있지만, 자주 반복해서 자신을 있는 그대로 읽어 주다 보면 말 그대로 지금의 나를 알아차리게 된다.

자신을 있는 그대로 읽어 주는 것은 나름 의미가 있다. T의 경우처럼 고통에 직면하기 어려워 머뭇거리는 자신을 성급히 비난하거나 외면하려 하지 않고, 그조차도 그저 바라보듯 읽어 주는 것은, 스스로 지금의 모습을 있는 그대로 경험하는 과정에 스스로 동참하는 것이기 때문이다. 그것은 말 그대로 '지금-여기'의 자신을 평가나 판단으로 몰아세우지 않고 있는 취약한 그대로를 인정하는 용기 있는 경험이다.

앞서 말했듯이 고통을 회피할수록 불안 수준은 높아지고 대처 능력은 취약해져서 이후도 계속 회피하게 되는 악순환을 경험하게 되지만, 있는 그대로 자신을 바라보며 자신을 읽어 주는 것은 자신이 마주한 고통과 함께 머물 수 있다는 것을 스스로 확인하는 것이다.

5장

나를 읽어 주는 심리책

두려운 나를 위해
마음 그릇을 빚는 법

'왜곡된 나' 용서하기

○

편하게 포장된
'혼자'의 이면

현대인들은 외롭다. 그리고 외로움은 불안으로 더욱 증폭된다. 행복해지기 위해 문명을 발전시켰지만, 그 안에서 살아남기 위한 생존 경쟁의 덫에 걸려 늘 불안에 쫓기면서 이를 회피하기 위해 스스로 고립과 소외를 자처한다. 하지만 우리는 이러한 자기 소외의 덫에서 초래된 외로움에 대한 심리적 실체를 생각보다 잘 인지하지 못한다. 오히려 요즘 세상은 외로움을 보기 좋게 포장하여 행복에 이르는 보편적 생활양식인 듯 부추기는 것처럼 보인다. 불과 십 수 년 전만 해도 '혼자 밥을 먹는다'를 줄인 '혼밥'이나 '혼자 영화를 본다'를 줄인 '혼영', '혼자 술을 먹는다'를 줄인 '혼술' 등이 일상 수준에서 공유되는 말이 아니었다.

　물론 '홀로'를 선호하는 사람들은 누군가와 함께하기보다 혼자 자유롭게 의사 결정을 하고 이에 따라 사는 것이 더 의미 있다고 여기기 때문에 이 방식을 선택한다고 볼 수 있다. 하지만 혼자 사는 사람들은 대부분 그 이면에 정서적 외로움을 느끼고 이를 염려한다. 흔한 예로 SNS를 통해 혼자 사는 일상을 공개하며 이에 대한 사람들의 반응을 공유하는 행동은 외로움을 해소하려는 하나의 보상적 행위라 할 수 있다. 그러나 가상에서의 공유는 외로움을 해결하지 못한다. 일시적인 위안은 될 수 있을지 몰라도 그것은 일종의 가상으로의 '현실 경험 회피'이기 때문이다. 말했듯이 외로움을 야기하는 불안은 마주하고 싶지 않은 실제 경험을 회피할수록 더 가중되기에 이러한 가상에서의 일상 공유 경험은 양적으로든 질적으로든 빈번해질수록 불안이라는 심리적 실체를 더 도드라지게 하는 현실 회피 수단이 될 뿐이다.

생각은 감정을
다스리지 못한다

　이렇게 보면 불안, 우울, 외로움 등에 적절하게 대처하는 전략은

역설적으로 이러한 감정을 '기꺼이 경험하는 것'에서 찾아 볼 수 있다. 하지만 기꺼이 경험할 수 없게 하는 그 무엇이 우리가 그 필요를 행동으로 옮기는 것을 방해한다. 그 원인은 바로 우리 자신의 생각이다.

앞서 언급했듯이 고통을 초래하는 생각은 자신을 비난하며 질책하는 부정적인 자기 개념과 연결되어 있으며 여기에서 비롯된 괴로운 생각과 감정을 제거 혹은 억압하기 위해 다시 곱씹는 생각(반추 사고)으로 이를 더 악화시킨다. 왜냐하면 원치 않는 생각이나 감정은 '생각하지 않겠다' 혹은 '느끼지 않겠다'라는 생각으로는 결코 해결되지 않기 때문이다. 마치 피곤해서 졸려 죽을 지경인데 '졸지 않겠다'는 생각으로 졸음을 막아 보려는 시도와 같다.

고통에 따른 감정은 어쩌면 있는 그대로의 자신을 생각의 여과 없이 드러내는 생생한 호소와도 같기에 이것에 귀를 기울이는 과정 없이는 고통을 적절히 다스릴 수 없다. 하지만 우리는 대부분 이것을 알아차리지 못한 채 더 강력한 이성적 통제로 고통을 해결하려고 한다.

그렇다면 이러한 악순환에서 우리가 알아채지 못하는 절박한 호소는 과연 무엇일까?

이를 쉽사리 알아차리지 못하는 이유는 우리 내면에 그만큼 은밀하게 잘 숨어 있기 때문이다. 그리고 그것을 가장 잘 숨기는 장본인은 놀랍게도 바로 자기 자신이다. 더 구체적으로 말하면 바로 스스로 하는 생각이다. 이러한 생각은 문제 상황을 효율적으로 해결하지 못하는 자신을 책망하고 원망한다. 내가 아니라 나의 생각이 우리 자신을 용서하지 못하는 것이다. 오히려 우리는 책망하는 자신의 생각을 굳게 믿어 버리고 이를 극복하려는 자기 합리화나 '죗값을 달게 받겠다'는 자기 처벌적 시도를 하고 있다는 것을 알아채지 못한다.

○

나는 스스로를
어떻게 평가하는가

불우한 어린 시절을 보낸 M은 학창 시절과 사회생활을 하는 내내 긴장과 불안, 우울함과 외로움을 느끼며 살았다. 비난을 일삼고 다소 폭력적인 아버지에게 받은 내적 상처는 M으로 하여금 자신에 대한 부정적인 자기 개념을 가지게 했다. 새로운 환경에 혼자 적응해야 하는 법을 일찍부터 경험한 탓에 M은 사회 적응력이 남달랐지만, 늘 마음 한구석에는 '혼자 모든 것을 감당해야 한다'는 불안과 긴장, 그리고 '누군가가 부족한 나를 도와주지 않으면 난 도태되고 말 거야'라는 위협으로부터 스스로를 지켜 내기 위한 내적 전쟁을 치르고 있었다.

그래서 M은 이러한 긴장과 불안, 위협으로부터 자신을 지켜 내기 위해 누구보다도 열심히 일했고, 마침내 자신이 원하는 대기업으로 이직하면서 그동안 한 마음고생을 보상받는 듯했다. 하지만 얼마 지나지 않아 M은 심한 무기력과 함께 알 수 없는 불안이 증폭되어 새로운 직장 생활에 대한 기대는 사라지고 '어디론가 도망가고 싶다'는 생각에 휩싸이게 되었다.

사회적 성공을 위해 자신과 치열하게 내적 전쟁을 치르며 달려왔던 M이 원하는 목표를 이루었음에도 불구하고 왜 무기력과 불안을 거듭하는 것일까?

M은 이전에도 늘 불안과 긴장을 달고 살았다. M은 자신의 긴장과 불안이 아직 목표를 달성하지 못했기 때문이라고 생각했고, 목표를 달성하기까지는 어쩔 수 없이 견뎌야 하는 괴로움이라고 생각했기에 그 괴로움에서 벗어날 수 있는 목표 달성의 순간을 고대하며 지금의 고통을 억지로라도 삼킬 수 있었다. 하지만 M은 기대와 달리 막상 자신이 원하는 목표를 이루고 난 후에 어느 때보다도 더 공허하고 우울해졌다. 그리고 이전처럼 살아갈 수 없을 것 같은 위협마저 느끼면서 이 또한 '홀로 극복해야 한다'는 자기 생각에 갇혀 괴로워했다.

성공 후 맞닥뜨린
뜻밖의 감정

아마도 M은 사회적 성공이라는 목표 달성을 이룰 때까지 '홀로 극복해야 한다'는 자신의 내적 신념에 충실했을 것이다. 그리고 일에 매진하여 원하는 바를 성취할수록 도태되지 않기 위해 더 자신을 몰아세웠을 것이다.

하지만 M은 남들에게 인정받는 자신의 업무 능력을 스스로는 과소평가했으며 내면에서 '여기에서 안주하면 안 돼. 남들보다 잘해야만 성공할 수 있어'라는 끊임없는 심리적 쫓김과 싸워야 했다. 그리고 M은 '나는 남들이 생각하는 만큼 유능하지 않기 때문에 더 노력해야만 한다'는 자기 개념을 가지고 있었다.

이는 '넌 잘할 수 없어'라며 비난을 일삼던 친아버지의 목소리가 내면화된 자기 개념이다. 그래서 M은 자신이 무능해 보일까 봐 늘 염려했고 타인의 시선에 민감할 수밖에 없었다. 간혹 전혀 경험이 없는 새로운 업무에 대해 도움을 요청할 때조차도 '나는 무능해서 혼자 해결하지 못한다'거나 '나는 무능해서 남들의 도움 없이는 살아남을 수 없다'는 자기 비난에 얽매여 있었다.

그런데 M은 자신이 이런 부정적인 생각에 갇혀 스스로를 평가절하고 있었다는 것을 알아차리지 못했다. 이렇듯 자기 개념에 대한 알아차림조차 되지 않는 경우라면 부정적인 자기 개념에 '비난 섞인 아버지의 목소리'가 내면화된 것은 더더욱 알 리 만무하다.

이렇듯 자기 개념이 부정적이라면 자신이 잘못했다고 느끼는 매 상황마다 자신을 책망하는 것은 어쩌면 당연한 결과다. 이러한 잘못을 스스로 용서하려고 해도, 이미 자기 개념에 뿌리 깊게 자리 잡은 부정적인 생각과 평가가 용서 작업을 순탄치 못하게 만든다.

그렇다면 우리는 책망이라는 덫에서 벗어나 스스로를 자유롭게 할 자기 용서 수순을 밟기 위해서 부정적인 자기 개념에 대한 이해와 수용이 우선적으로 전제되어야 한다는 점을 이해할 수 있을 것이다. 자기 개념 맥락에 대한 이해가 우선되지 않은 자기 용서는 왜곡된 자기 용서를 초래할 가능성이 높기 때문이다.

○

거짓된
자기 용서

흔히 '자기 용서'를 말할 때 '어떻게 이 개념을 이해할 것인가'에 대한 궁금증이 일어나는 것은 당연하다. 왜냐하면 자기가 자신을 용서하는 데 진정성의 여부가 어디에 있는지가 중요하기 때문이다.

일반적으로 말하는 진정한 자기 용서는 '객관적으로 보기에 잘못을 저지른 상황을 회피하지 않고 이에 수반되는 심리적 고통을 스스로 수용하면서 피해를 입은 당사자에게 책임감 있는 보상 행동을 통해 스스로 심리적 성장을 하는 과정'으로 정의할 수 있다. 짧은 정의지만, 많은 인격적 노력이 필연적으로 수반되어야 한다는 부담이 적잖이 느껴진다. 그만큼 진정한 자기 용서는 쉽지 않다는 것을 전제한다. 하지만 우리가 이러한 심적 부담으로부터 자꾸만 회피하려 한다면 우리의 불안과 우울 그리고 외로움은 결코 어떤 식으로든 더 나아지지 않을 것이다.

영화 〈밀양〉으로 보는
왜곡된 자기 용서

용서에 대한 경험에 우리가 한 발짝 더 다가가기 위해서는 앞서 말했듯이 '자기 개념에 대한 객관적 이해'가 필요하다. 이것이 배제된 자기 용서는 '왜곡된 자기 용서'로 전락하기가 쉽다.

왜곡된 자기 용서는 크게 두 가지로 나누어 설명할 수 있다. 그중 하나가 '거짓된 자기 용서'다. 이것에 대한 이해가 잘 드러난 예시로 영화 〈밀양〉을 들 수 있다. 영화에서 아들을 잃은 엄마는 아들을 죽인 살해범을 찾아가 애써 용서하기 위해 안간힘을 쓴다. 그런데 뜻밖에도 살해범은 자신의 죄를 인정하고 뉘우치며 피해자에게 미안해하는 모습보다는 평온한 모습으로 자신은 이미 하나님으로부터 죄를 용서받았다는 고백을 들려준다. 이에 참을 수 없는 분노를 느낀 죽은 아들의 엄마는 살해범을 억지로 용서하고자 했던 자기기만을 뒤늦게 알게 되면서 자책하고, 게다가 하나님을 빌어 자신의 첫

값을 혼자 처리해 버린 살해범의 뻔뻔한 평온함에 자괴감을 느끼며 절규한다.

영화 분석이 목적은 아니지만, 여기에서 우리가 분명히 알아두어야 할 것이 있다. 자기 용서는 자기 잘못을 회피하기 위해 스스로 마땅히 져야 할 책임을 무시하는 것이 아니라는 것이다. 하나님에게 용서를 받았다는 살해범도 그렇지만, 아들을 잃은 상실에 따른 극심한 고통을 회피하기 위해 아직은 용서할 수 없는 살해범을 거짓으로 성급히 용서하려고 했던 '엄마'의 용서 태도 또한 이러한 책임에 대한 이해가 부족해서 나타난 행동이다.

여기에서 말하는 책임이란, 용서 과정에 수반될 필연의 고통을 피하지 않고 경험하는 책임이다. 우리는 대부분 필연적으로 수반되는 고통으로부터 쉽게 회피하려 하기 때문에 오히려 괴로움으로부터 헤어 나오지 못한다.

책임으로부터
도망가 버리고 마는 사람

〈밀양〉의 살해범이 하는 '거짓 자기 용서'는 주로 자기중심적 성향인 사람들에게 보이는 자기 용서의 모습이다. 1장에서 다룬 내용을 기억한다면, 자기중심적인 사람들이 가진 수치심이 '거짓 자기 용서'의 주된 정서적 요인임을 알 수 있을 것이다.

수치심은 지나친 자기 비난과 상대로부터 자신이 수용되지 못하는 거절감으로 인해 스스로를 나쁜 사람으로 받아들이게 되는 심리적 특성이다. 수치심이 내면화된 사람은 다른 사람에게 분명한 잘못을 저지르더라도 자신의 잘못을 성격적 결함으로 간주한다. 그래서 결함을 드러내고 싶지 않은 내적 동기가 함께 작용해 자신의 잘못을 더 인정하지 못하게 된다. 더 안타까운 점은 내면화된 수치심이 강력할수록 자신이 이러한 내적 취약함을 가지고 있다는 것조차 알아차리지 못한다는 것이다.

이러한 이유로 내면화된 수치심이 강한 사람들은 자신의 취약함이 노출되는 경험을 필사적으로 피하기 위한 방어 전략에만 몰입한다. 이러한 취약함은 자기 용서에서도 고스란히 드러난다. 자기 잘못에 대한 내적 처벌로부터 달아나기 위해 책임을 무시하는 심리적 특성으로 스스로 자신을 쉽게 용서하는 것이다.

자기중심적인 가해자가 거짓 자기 용서를 함으로써 스스로 겪는 내적 괴로움은 감소되지만, 이러한 이유로 책임에 대한 자기이해가 부족하고 급기야 자신의 잘못조차 부정하기 쉽기 때문에 피해자와 관계가 회복되기란 사실상 어려워진다. 피해자는 가해자가 자신의 잘못에 대한 참회와 이에 따른 행동 변화를 시도하는 경우에 비로소 상대방을 용서하려는 긍정적인 마음을 가질 수 있기 때문이다.

이렇듯 '거짓 자기 용서' 과정은 가해자든 피해자든 진정한 용서와 화해라는 선순환을 가로막는 큰 장애가 된다. 영화 〈밀양〉의 살해범을 예로 들어 설명하여서 이러한 거짓 자기 용서가 심리적으로 큰 장애를 가진 사람들에게만 있는 과정이라 생각할 수도 있지만, 이러한 특성은 심리적 장애 여부를 떠나 잘못에 대한 책임으로 수반되는 고통 경험을 회피하고자 하는 정도에 따라 심각성의 차이가 있을 뿐이다.

○

처벌적
자기 용서

왜곡된 자기 용서의 또 다른 하나는 '처벌적 자기 용서'다. M의 사례가 여기에 해당한다. M은 사회적 책임감이 지나쳐서 이를 완벽하게 완수하지 못하는 자신을 '무능하다'고 비난하여 자기 처벌적 시도가 강화된 경우다. '난 무능해서 남들의 도움 없이는 살아남을 수 없다'는 자기 비난에 얽매여 이를 해결하고자 하는 생각의 늪(반추 사고)에 빠진 것이다.

M과 같은 경우는 자신을 비난하거나 처벌하는 생각에 과도하게 몰입하여 오히려 자신을 책망하는 고통으로부터 더욱더 헤어 나올 수 없다. M의 처벌적 자기 용서는 시도를 거듭할수록 우울과 무기

력 그리고 외로움은 더 깊어진다. 어쩌면 거짓 자기 용서보다는 죄책감을 느끼며 처벌적인 방식으로라도 스스로가 잘못에 대한 책임을 지려한다는 점에서 다소 진정한 자기 용서에 근접하다고 볼 수도 있겠다. 하지만 중요한 점은 처벌에 대한 과도한 자기 몰입으로 인해 주변 사람들의 인정을 쉽사리 받아들이지 못한다는 점에서 진정한 자기 용서라고 할 수 없다.

나를 믿지 못하는
마음에서 빠져나오기

M은 처벌적 자기 용서로 인해 자신이 성취한 목표를 이루고도 고통의 늪에서 헤어 나올 수 없었다. 무능을 탓하는 뿌리 깊은 부정적 자기 개념에서 비롯된 심리적 긴장과 불안 그리고 우울과 무기력은 사실 목표를 성취한다고 해결되는 것이 아니다. 단지 M은 남들이 부러워하는 대기업으로의 이직과 승진을 목표로 삼았을 뿐, 목표 성취를 위해 늘 자신의 부정적인 생각과 싸워야 하는 괴로움은 막상 목표를 성취한 이후에도 끝나지 않을 것을 미처 알아채지 못했다. 쉽게 말해서 이루고자 한 목표는 말 그대로 목표일 뿐 성공하기 위한 생존 경쟁은 계속될 것이며 이로부터 자신을 지켜 내야 하는 외

로운 자기 싸움은 M 자신에게 이전과 다를 바 없었던 것이다.

M의 경우만 보더라도 목표 성취 자체는 고통을 종식하지 못한다. 오히려 성취에 수반되는 일상의 고통 경험에 어떤 태도를 취하느냐가 더 중요하다.

아마도 M은 목표 성취가 곧 고통의 종식이라는 자기 신념을 굳게 믿었을 것이다. 그리고 고통이 끝나지 않으리라는 것은 미처 알아차리지 못했을 것이다(이는 목표와 가치를 혼동해서 그렇다. 7장에서 다루었으니 참조하길 바란다). 막상 원하는 목표를 거머쥐었을 때에야 M은 비로소 또다시 시작될 자신의 내적 전쟁을 감지했을 것이다. 그래서 두렵고 회피하고 싶었을 것이다.

하지만 이러한 고통의 실체는 M의 부정적 자기 개념에서 초래된 자기 비난에 있었다. 실제 유능함에도 불구하고 이를 믿지 못하는 사람은 부정적 자기 개념에 갇힌 M 자신이었다. 그렇다면 M은 왜 이것을 알아채지 못하는 것일까?

과거 경험에서 비롯된 이해받지 못한 고통 경험은 현재 자신에 대한 이해를 왜곡되게 만든다. 그리고 왜곡된 자기이해는 부정적인 자기 개념으로 이어진다. 그래서 현재 자신의 유능함은 보이지 않고 늘 스스로 무능하다는 생각에 사로잡혀 현재의 자신도 왜곡하여 본다. 앞서 말했듯이 부정적인 자기 개념에 사로잡히는 이유는 자기이해에 빈약한 객관성을 가지고 있기 때문이라는 점을 알아야 한다.

많은 책에서 고통으로부터 벗어나기 위해 과거보다 현재와 미래에 집중하라고 조언한다. 하지만 나는 고통에서 헤어나기 위해서는 오히려 과거의 경험을 진지하게 돌아봐야 한다고 말한다. 그동안 직면하기 어려워서 피했던 정서적 고통이 현재에도 계속 비슷한 고통을 불러일으킨다는 것을 알아야 더 이상 고통을 반복하지 않을 수 있기 때문이다.

이를 위해서는 과거 경험에서 비롯된 자기이해를 좀 더 객관적으로 신중하게 돌아볼 필요가 있다. 그래야 M의 경우처럼 자기 비난이 아버지의 비난으로부터 내면화되어 왜곡된 자기 개념이라는 것을 알아채고, 내면화된 아버지의 목소리와 자신의 실제 모습을 분별하게 되어 더 이상 자기를 비난하지 않게 된다. 그리고 비로소 M은 다른 사람들이 인정하는 현재의 유능함을 스스로 믿을 수 있다.

○

자기 자신을
읽어 준다는 것

　결국 객관적인 자기이해는 과거 경험에서 보지 못했던 또 다른 자신을 발견하는 것이다. 이러한 과정이 현재 자신의 긍정적인 면모를 재발견하는 계기가 된다. 이러한 자기이해 과정은 우격다짐으로 긍정적인 사고를 주문하는 것이 아니라 자신의 이야기를 통해 타당하고 근거 있는 긍정적인 자신을 발견하는 과정이다. 그래서 현재 자신이 경험하는 고통도 다시금 바라볼 수 있는 새로운 관점을 가지게 된다.

　M은 자신의 불안과 무기력 그리고 우울과 외로움이 자신의 무능에서 비롯된다고 알고 있었지만, 실은 그러한 부정적인 생각과 느낌

은 M의 과거 경험에서 비롯된 자연스러운 하나의 사건일 뿐이다. 불우했던 과거 경험에서 비롯된 자기 비난도, 성공하기 위해 목표를 향해 매진했던 자신의 불안과 긴장도 그러하다.

이러한 부정적 생각과 정서가 M을 성공에 이르게 한 원동력이 되기도 했지만, 마치 동전의 양면처럼 심리적 고통과 괴로움도 그러한 생각과 감정에서 비롯된다는 것을 알아차려야 한다.

'자신을 있는 그대로 수용하기'는 어쩌면 내적 고통을 '생각으로 해결해야만 한다'는 당위적 시도를 멈추어 보자는 유연한 제안일 수 있다. 나는 이를 두고 '자신을 있는 그대로 읽어 주기'라 설명한 바 있다. 마치 책을 펼쳐 청자에게 읽어 주듯이, 자기 내면의 생각과 감정을 한 걸음 뒤에서 바라보듯이 자신을 관찰하는 것이다.

그렇게 관찰한 자신을 소리 내어 읽어 주는 것은 있는 그대로의 자신을 자신에게 생생하게 알려 주는 경험이 된다. 게다가 자신을 비난하며 고통으로 내몰고 있는 나조차도 읽어 준다는 것은 부정적인 자기 개념에서 비롯되는 괴로움조차도 예전처럼 쉽게 회피하지 않는다는 의미다.

M의 경우를 들어보자. 만약 M이 자신을 있는 그대로 읽어 준다면 아마도 이럴 것이다.

'나는 내가 무능하다는 생각에 사로잡혀서 내 현재의 유능함을 보지 못했다. 그리고 모든 것을 혼자 해결해야만 유능하다고 믿었던 내 자신의 생각으로, 도움을 요청하는 내 자신을 용서하지 못했다. 성공하기 위해서 나약해 보이는 나를 보이고 싶지 않았다. 그래서 다른 사람들의 시선에 이것이 노출될까 봐 두려웠고, 늘 불안하고 긴장되어서 사람들로부터 나를 멀리 피하고 싶었다. 막상 목표를 성취했지만, 또 혼자서 고통을 해결해야 한다는 생각에 미리 힘들고 지쳐 버렸다. 해결 방법이 없다고 생각한 나는 무력해지고 외로웠다.'

긍정의 칼날,
부정의 칼날

알아챘겠지만 M처럼 객관적인 자기이해를 가지고 과거 경험을 읽어 주면, 자신의 불안과 무기력 그리고 외로움에 대한 심리적 원인을 스스로 이해하게 되는 계기가 된다. 반복해서 강조하지만 심리 부적응의 원인을 단지 이해하는 것만으로도 불안 수준은 상당히 경감된다.

우리는 상대에게 건네는 말뿐 아니라 스스로에게 하는 말 속에

예리한 양날의 검이 숨어 있다는 것을 알 필요가 있다. 불필요한 말을 걷어 내는 날과 필요한 것을 도려내 상처를 남기는 날을 가진 검처럼 말이다. 전자를 '긍정의 칼날'이라 한다면 아마 후자는 '부정의 칼날'이 될 것이다.

나의 경험상으로는 고통을 지속하는 대부분의 사람이 '긍정의 날'을 잘 사용하지 못한다. 오히려 '부정적인 날'을 더욱 예리하게 갈고 닦으며 필요한 부분을 도려내는 아픔과 억울함을 경험한다. 그리고 M의 경우처럼 '부정적인 날'을 갈고닦아야 한다는 부추김, 즉 깊숙이 내면화된 부정적인 아버지의 비난이 이러한 행위를 자극한다.

우리는 이러한 검의 속성을 알아야 한다. 그리고 이 검을 잘 사용하기에 앞서 그동안 자신이 부정적인 검을 괴로움을 덜어 내는 데 비효율적인 방식으로 사용하고 있었음을 알아차려야 한다. 더불어 이제는 이러한 낡은 방식이 더 이상 자신의 행복을 위해 필요하지 않다는 것을 인지해야 한다. 자신의 낡은 방식에 사로잡혀 그동안 치러야 했던 고통과 괴로움에 대한 실체를 생생히 알아차리는 경험이 없이는 이후도 자신의 검을 효율적으로 사용할 수 없다는 것 또한 스스로에게 말해 줄 필요가 있다.

○

고통을 담아내는
마음 그릇 빚기

대부분 사람들은 고통을 다루는 방식이 '알아차림'에 있다는 것을 알지 못한다. 알아차린다는 것은 무엇을 적극적으로 해결하는 모습이 아니기 때문일까? 아니면 알아차린다는 것은 여전히 문제 안에 정체되어 있는 것이라고 여기기 때문일까?

여기에서 나는 무엇이든 빠른 해결을 지향하는 현대인의 자화상을 반성한다. 또한 시대 상황에 매몰되어 우리가 자신의 고통을 바라보는 방식을 제대로 배울 수 있는 물리적 시간과 정신적 여유가 없었음을 알아차리려고 노력한다. 알아차리는 것은 말했듯이 머리로 이해하고 마는 단순한 인지가 아니라 자신이 직면한 고통을 생생히 경험하는 과정이다. 경험하는 과정은 이렇게 스스로 동참하는 시간적 인내를 전제한다. 그래서 인내를 동반한 경험에 스스로 동참하기를 회피한다면 고통은 이전과 다를 바 없이 지속될 것이다.

나를 향한
이해

고통 경험에 대해 일기를 써 왔던 사람들이라면 익숙하게 해 왔던 자신의 고통 일지를 다시금 소리 내어 읽어 보는 것도 생생한 경험이 될 수 있다. 하지만 나는 가급적 그 일기를 지금부터 다시 써 보라고 말하고 싶다. 왜냐하면 자신에 대한 알아차림이 부족한 과거의 일기는 분명 자신을 부정적으로 평가했거나 혹은 근거 없는 우격다짐 식의 과도한 긍정 몰이로 쓰였을 확률이 더 높기 때문이다.

우리가 지향해야 할 '자기 읽어 주기'는 편향되고 경직된 평가로 자신을 계속해서 몰아세우며 강요하는 그런 읽어 주기가 아니다. 자신의 고통스러운 생각과 감정을 있는 그대로 읽어 주는 것이다.

예를 들어 '해결해야 하는 문제를 두고도 이렇게 아무것도 하지 못하는 넌 역시 무능해'보다는 '너는 어서 빨리 문제를 해결해야 한다는 생각에 사로잡혀서 실제로는 아무것도 하지 못하는 자신을 무능하다고 여기고 있구나' 하고 말이다. 이것은 무능하다고 평가하는 자신을 한 걸음 뒤에서 있는 그대로 읽어 주는 생생한 알아차림이며 평가에 매몰된 자신을 객관적으로 알아채는 경험이라 할 수 있다. 이런 행위는 어쩌면 비난이라는 그릇 안에 '나'가 있는 것이 아니라, '나'라는 그릇 안에 '비난하는 나'를 담아내는 것이 아닐까?

여기에서 '담아낸다는 것'은 '회피하지 않는 것'이다. 실제 우리가 느끼는 무력감은 실패나 좌절 그 자체에서 오는 것이 아니다. 오히려 '실패했다'는 자기 생각과 '좌절했다'는 자기 생각에 매몰되어, 현재 자신이 해야 할 일들을 못할 때 무력감을 느낀다. 결국 무엇인가를 할 수 있다는 동기는 생각에 매몰되어 불안에 떨고 있는 자신을 알아채고 이를 담아내야(인정해야) 비로소 가능하다는 이야기다. 역설적이게도 자신이 마주한 고통을 회피하지 않고 오히려 그것을 '나'라는 그릇 안에 담아낼 수 있을 때에야 비로소 할 수 있는 일들을 시작하게 된다.

이렇게 고통을 담아낼 수 있는 내적인 힘은 자기 자신을 객관적으로 바라보게 될수록 더욱 강화된다. 부정적이든 긍정적이든 놓쳤던 자신에 대한 이해를 촘촘하게 할수록 고통을 담아낼 내적인 힘은 단단해진다. 그럴 때 비로소 무기력을 벗어 내고 무엇인가를 할 수 있다는 삶의 생기가 회복되는 것이다.

자신을 용서하지 못하는 고통은 어쩌면 담아내기 가장 어려운 고통이라 해도 과언이 아니다. 왜냐하면 이 고통은 대부분 자신도 잘 알아채지 못하는 은밀한 생각에서 비롯되고, 이러한 생각은 죄책감이나 수치심에 연결되어 있기 때문이다. 이렇게 뿌리 깊은 상처로 비롯된 자신의 과오를 누가 쉽게 인정할 수 있겠는가? 하지만 인정할 수 있다면 그것은 진정한 자기 용서가 된다. 그만큼 자신을 진정으로 용서한다는 것은 쉽지 않은 일이다.

○

나는 언제나
최선을 다했다

고통과 주관적 괴로움에 매몰된 사람들의 특징 중 하나가 '자신만이 유일하게 이러한 극심한 고통을 겪는다'는 생각에서 헤어나지 못하는 것이다. 그리고 남들과 비교하면서 자의적으로 상대의 모습을 좋게 평가하고, 자신을 더 부정적으로 몰아세운다. 놀라운 점은 부정적인 내면을 강화하는 이유와 근거가 자기 나름대로 견고하다는 것이다. 그렇게 견고한 방식은 대부분 '생각'에 대한 '자기 믿음'에서 비롯되는데, 그 생각과 믿음은 대부분 부정적인 자기 개념에서 나오는 왜곡된 자기 해석일 경우가 많다.

자기이해가 왜곡되면 아무리 자신의 긍정적인 모습을 상대가 성의껏 들려주어도 소용이 없다. 오히려 가식적이라 평가하고 공허하다 말한다. 왜곡이 심할수록 내면화된 죄책감과 수치심이 뿌리 깊어서 타인의 진정성 있는 위로도 '나의 초라함과 외로움을 억지로 위로하며 비웃고 있다'고 해석할 수밖에 없기 때문이다. 그만큼 자신을 스스로 보잘 것 없다고 여기기 때문에 더욱 부인하고 회피하기 쉽다.

왜 그동안 입 밖으로
꺼내지 않았을까

수치심에 뿌리를 둔 왜곡된 자기이해의 측면에서 보면 '왜곡되지 않은 자기이해'란, 뿌리 깊은 죄책감과 수치심을 잘 드러내는 일일 것이다. 그렇게 하려면 왜곡된 해석을 굳게 믿는 자기 모습을 객관적으로 볼 수 있어야 한다. 뿌리를 잘 드러내기 위해서는 기억과 생각 속에 갇힌 과거 경험들을 잘 살펴보아야 한다. 말했지만 그 뿌리에 엉겨 있는 과거의 경험에 대한 기억은 시간이 지나면서 견고하게 다져졌기 때문에 '과거는 중요치 않아. 현재에 집중해'라는 단순한 자기 암시만으로 쉽게 변화되지 않는다. 그래서 객관적인 자기이해 과정이란, 자기 방식대로 강화한 부정적인 자기 개념의 왜곡된 지점들을 발견하는 과정이라 할 수 있다.

가족 상담에서 이러한 이해가 잘 드러난다. 가족이 서로에게 상처가 된 경험을 이야기하다 보면 놀랍게도 같은 사건인데도 가족 구성원마다 기억과 해석이 모두 다르다. 그래서 끊임없이 불화를 겪고 서로를 원망하다가 결국 사소하고 엉뚱한 사건으로 갈등이 불거져서 가족 모두가 휘청거린다. 하지만 막상 이야기를 나누다 보면 서로 얼마나 다르게 이 갈등을 바라보는지 새삼 알게 된다. 각 구성원이 저마다 쏟아 내는 고통의 이야기를 서로 찬찬히 들어 보는 경험만으로도 가족 갈등의 많은 부분이 해소되는 경우가 많은 이유는 이렇게 서로 다르게 상황을 바라보고 있음을 갈등 전에는 미처 알아채지 못하기 때문이다.

이것이 의미하는 바가 무엇일까? 그만큼 우리는 자신이 바라보는 대로 고통을 자의적으로 해석하며 괴로움을 경험한다는 것이다. 자의적인 해석은 결국 뿌리 내린 부정적인 자기 개념에서 비롯되고, 그러한 자기 개념을 객관적으로 바라볼 수 없기 때문이다. 가족 상담의 경우에서 자신의 문제를 바라보는 다른 가족 구성원들의 이야기를 듣다 보면 자신에게 불필요한 오해가 있었음을 알게 되는 것처럼, 어쩌면 왜곡된 자기이해는 다양한 관점으로 자신을 바라보지 못한 데서 기인할 수도 있다. 그리고 자신을 다양한 관점으로 바라보지 못할수록 자기중심적으로 편향된 자기 개념을 갖게 되어 주관적인 고통에서 헤어 나올 수 없다.

과거를 잘 이해한다는 것은 과거에 매몰되는 것이 아니다. 오히려 현재의 자신을 더 잘 이해하기 위해 과거를 활용하는 것이다. 과거의 아픈 일을 떠올리며 그때의 고통을 경험하는 것이 새삼스럽고 굳이 그러고 싶지 않다는 거부감도 들 수 있겠지만, 현재 자신이 경험하는 긴장과 불안, 우울함 등은 그런 과거 경험에 갇힌 자기 자신을 회피하고 마주하지 못했기 때문이라는 것을 알아야 한다.

삶에서 비롯되는 필연의 고통과 이를 경험하는 자신을 보다 담대하게 그리고 온전하게 지켜 내는 것은 과거에서 현재에 이르는 자신의 경험을 다시금 재조명하고 이 안에서 자신이 놓친 다양한 이해 지점들을 찬찬히 발견해 나가는 것이라 할 수 있다. 그리고 당면한 문제 상황의 시시비비를 가리기보다 현재의 자신은 과거의 경험 방식을 통해 지금에 이르렀음을 인정할 필요가 있다. 고통받았던 자신은 어찌되었든 그때는 그것을 최선이라 여기며 애쓰고 수고했기 때문이다.

이를 알아차리지 못하면, 혹은 알았어도 여전히 회피한다면, 스스로를 책망하고 원망하는 고통에서 헤어 나올 수 없을 것이다. 알아차림은 고통을 해결하기 위한 요란스러운 필살기가 아니다. 그저 나 스스로가 과거에도 고통스러운 가운데 최선을 다했고 현재에도 그렇게 살고 있음을 부인하지 않는 것이며, 마주하는 고통을 회피하지 않고 나의 마음 안에 담담히 담아내는 것이다.

6장

기꺼이 혼자 있음을
선택하는 용기

'관계에서의 나' 수용하기

○

혼자여도
외롭지 않을 수 있을까

경험 회피에 따른 불안과 외로움은 결국 고통을 안고 있는 자신을 있는 그대로 수용하고 용서하지 못해서 생긴다. 이것은 곧 고통에 처한 자신을 거짓으로 용서하거나 가혹하게 처벌하는 과정에서 왜곡된 자기이해를 가지고 자신과 세상을 바라보기 때문이다. 왜곡된 자기이해는 자신이 생각하고 느끼는 감정이 어떠한 타당한 근거를 가지고 지금에 이르렀는지, 그리고 현재 자신을 어떤 방식으로 오해하고 있는지를 잘 모른다는 것이다.

이는 과거 경험이 남달라서 나타나는 자기 오해가 아니다. 일반적으로 괴로움을 겪는 사람은 자신의 고통 경험을 신중하게 되돌아보기를 원하지 않거나 빈약한 근거를 두고 부정적으로 평가하는 경향을 보인다. 절대적인 객관성은 존재하지 않지만, 그래도 '세상과 자신이 스스로를 어떻게 바라보고 있는가'를 좀 더 잘 알아차리기만 해도 '자신이 한걸음 뒤에서 바라보고 있다'는 객관적 이해가 시작된다는 것을 인지해야 한다. 그래야 비로소 우리는 외로움의 위기에 처한 자신을 스스로 돌볼 수 있다.

외로움과
고독의 차이

지금은 어느 때보다도 다양한 인간관계를 맺고 살아갈 수 있는 시대지만, 정작 친밀감은 부재되어 있고 보이지 않는 외로움은 점점 더 깊어져 간다.

하지만 대부분 사람들은 자신의 외로움을 공공연하게 드러내지 않는다. 아마도 홀로 지내는 것이 관계의 단절과 고립을 의미한다는 편향된 사회적 인식이 있기 때문이 아닐까 싶다. 특히 한국 사회에는 타인의 시선에 비치는 자신의 모습을 우선하는 체면 문화가 뿌리 깊어서 '혼자 있음'에 대한 이해가 더욱 그러할 수 있다.

사실 혼자 있음*은 외로움이나 고독을 의미하지 않는다. 다만 그것들의 공통된 속성이면서 중립적 의미라 할 수 있다. 많은 연구자가 공통적으로 말하는 '외로움'은 '사회적 관계의 단절이나 결핍에 따른 부정적인 상태'를 말하며, 여기에 우울과 불안 같은 부정적 정서적 경험을 수반한다. 경우에 따라 외로움이 지속되면 수면 장애나 섭식 장애를 초래하고 때로는 여러 다양한 중독 경험에 이르는 정신적 병인의 발로가 되기도 한다.

이와 달리 '고독'은 '자발적으로 혼자 있음을 선택하고 이에 따르는 자신의 경험을 생산적으로 만들어 가는 상태'로 외로움과는 과정적 측면에서 다르게 이해된다. 이렇듯 고독과 외로움에 대한 이해에서 나타났듯이 혼자 있음이 생산적이나 부정적인 상태가 되는지의 여부는 결국 그 혼자 있음을 어떻게 다룰 수 있는가에 대한 방식의 문제라고 할 수 있다.

나는 이에 대해 반드시 외로움이 아닌 고독의 상태로 혼자 있음을 경험해야 한다는 당위를 앞세우기보다는 적어도 자신에게 덜 고통스러운 방식으로 혼자 있음을 다루어 나가기를 바라는 입장에서 우리가 일상에서 경험하는 다양한 외로움에 대해 이야기해 보고자 한다.

---

*   정서적인 외로움이나 고독을 의미한다기보다는 물리적 형태로써의 '혼자'를 의미하고, 특정 상황에서 혼자 일상을 유지하는 상태.

요즘은 SNS를 통해 가상의 공간에서 손쉽게 대인 관계를 맺고 이를 통해 서로의 삶과 다양한 정보를 공유한다. 하지만 여기에 지나치게 몰입하면 오히려 SNS의 긍정적 취지에서 벗어나 우울과 불안 그리고 대인 관계 회피 같은 심리적 부적응을 경험하게 된다. 더군다나 정보 습득이 아닌 사회적 관계 맺기가 목적인 경우, 사람들은 필요 이상의 심리적 피로감과 부담을 호소하기도 한다. 특히 타인의 삶과 자신의 삶을 비교하면서 본의 아니게 느끼는 상대적 박탈감에서 비롯된 부정적 정서는 그러한 피로감과 부담을 가중한다. 결국 관계 경험 자체를 회피하게 되는 부정적 결과를 초래하고 마는 것이다.

앞서 이야기한 바, 사실상 SNS상의 관계 맺기는 실제 만남이 아닌 가상 공간에서 이루어지는 간접적 만남이라는 측면에서 용이하다. 하지만 이것이 직접적인 경험을 회피하는 맹목적인 수단으로 대체된다면 결국 경험에 대한 대처 능력이 취약해져서 오히려 불안과 외로움 같은 부정적 정서가 더욱 악화될 수밖에 없다.

○

나는 어떻게
감정을 조절하는가

특히 자기중심성향이 강한 사람은 타인의 삶을 자의적으로 해석하는 편향적 오류에 빠지기 쉬우며 상대와 자신을 비교하며 우열을 가리는 것에 골몰한다. 특히 내면화된 수치심이 깊을수록 상대를 우위에 두고 자신을 평가 절하함으로써 자신의 불안과 외로움을 더욱 견고히 한다.

이렇게 내면화된 깊은 수치심과 죄책감은 대인 관계적 측면에서 자신과 타인에게 모두 파괴적인 양상을 보인다. 이러한 이유로 가상뿐 아니라 실제에서도 대인 관계를 맺는 데 공격적이거나 회피적 성향이 두드러져 결국 스스로를 고립시켜 불안과 외로움을 반복하게 되는 것이다.

역설적으로 SNS는 손쉽게 맺는 폭넓은 관계망으로 정서적 외로움에 도움이 되는 듯하지만, 관계 및 소통에 대한 욕구가 클수록 SNS에 투자해야 하는 시간도 늘어나고 가상 공간에서 맺는 피상적 관계라는 한계로 인해 시간이 지날수록 진정한 정서적 위안보다는 심리적 공허함과 피로감을 높여 내적 우울을 경험하기가 쉽다.

하지만 가상적 관계 몰입은 중단하기가 어렵다. 이미 SNS라는 가상 공간에서의 관계 맺기에 몰입한다는 것은 실제 현실에서의 직접적 관계 경험에 좌절을 경험하고 이를 회피하기 위한 수단으로 사용하는 상황일 수 있다. 그렇기에 이조차 중단하는 것은 관계의 단절을 의미하므로 가상 공간에서 관계 맺기에 몰입하는 행위를 쉽사리 포기할 수 없게 된다. 그만큼 사람들은 가상이든 현실이든 외로움에 취약하다.

참지 못하고
폭식으로 달래는 그 마음

R은 폭식증에 시달렸다. 심한 가족 갈등으로 지독한 정서적 결핍을 경험하며 자란 R은 먹는 것으로 자신의 정서적 허기를 달랬

다. 또한 R은 수시로 걷잡을 수 없이 분노를 표출했고 뒤늦게 밀려오는 후회와 자책감으로 불안이 엄습해 오면 일시적이나마 먹는 것으로 자신을 진정시킬 수밖에 없었다.

하지만 이것은 말 그대로 일시적인 방편이자 위안일 뿐 반복되는 분노 충동을 조절하는 근본적인 해결책은 되지 못했다. 거듭되는 충동 조절의 실패로 R은 심리적으로 위축되어 사회적 관계를 더욱 회피했고, 이에 불안과 외로움은 더욱 깊어졌다. 거듭되는 폭식증으로 일상 리듬이 깨지고 사회적 관계를 유지하기가 어려워지자 회피 성향이 더 심해져서 스스로 고립되고 급기야 심한 피해망상을 겪기에 이르렀다. 최근에 망상이 더 빈번해지자 R은 자신에 대한 통제감과 조절력을 거의 상실하고 있다는 두려움에 너무도 고통스러워했다.

폭식은 정서 조절*의 실패로 나타나는 일종의 자기 파괴적 행동으로, 음식으로 정서 대신 신체를 통제하려는 시도다. 폭식 행동은 일시적으로 부정적인 정서를 신체적 포만감으로 완화하는 효과가 있지만, 폭식 과정에서 발생되는 죄책감, 불안, 우울 등으로 인해 다시 폭식 행동을 반복하게 된다.

* 학자마다 견해가 다르지만, 일반적으로 특정 상황에 맞게 정서를 조절하는 행위를 말한다.

R의 경우는 어린 시절 부모와의 불안정한 애착 관계로 인해 자라면서 늘 불안하고 외로웠다. 성장하면서 대인 관계에서 이를 보상받기 위한 기대와 집착 그리고 통제 욕구가 강렬했던 R은 통제되지 않는 경험을 할 때마다 정서 조절에 실패하며 더욱 폭식 행동이 강화된 것이다. 이는 시간이 지날수록 걷잡을 수 없는 불안이 피해망상으로 번져서 자신이 이유 없이 공격당할 것 같은 공포에 휩싸여 공황을 경험하기에 이르렀다.

그렇다면 정서 조절 실패를 반복하는 R은 무엇이 문제가 된 것일까? 정서 조절 실패로 폭식 행동이나 피해망상이 심각해진다는 측면을 고려한다면 R 자신이 '정서 조절을 할 수 있다'는 자기 통제감을 잃은 것이 폭식 행동을 유발한 원인이 되었을 것이다. 이는 다시 말하면 R이 '감정을 조절할 수 있다'는 것을 자기 체험으로 스스로 확인하면, 이것은 폭식 행동을 중단할 수 있는 자기이해의 심리적 근거가 될 수 있을 것이다.

사실 심리적인 망상은 고통스러운 현실 경험을 부인하고 회피하는 과정에서 자신을 고통으로부터 안전하게 지켜 줄 수 있는 일종의 환상이다. R은 상대에게 걷잡을 수 없는 분노를 표출하고 난 뒤 곧이어 밀려오는 후회와 자책감으로 스스로를 나쁜 사람으로 몰아가며 내면에서 끊임없이 자기 처벌적 시도를 하고 있었다. 자신의 분노 때문에 피해를 입은 상대가 보복한다는 망상으로 스스로 죗값을 치르려는 것이다. 이러한 망상의 고통은 어떻게 이해해야 할까?

자신의 망상을 타당하게 이해하는 과정은 충동 조절에 실패하는 R 자신에게 치료적 도움을 준다. 왜냐하면 분노하고 화내는 자신을 스스로 처벌하려는 망상은 어쩌면 '자신의 분노를 악화하지 않기 위한 소망적 시도'로 볼 수 있기 때문이다. 그렇게 R 스스로 이상하게만 여겼던 망상이 '자신을 지켜 내기 위해 시도한 심리적 노력'이었음을 이해하게 되었을 때 더 이상 자신을 '나쁘다', '이상하다'고 여기지 않게 되어 애써 망상을 억제하려는 이성적 시도보다 정서적인 안정감을 가지고 자신의 마음 안에 담아낼 수 있게 되었다.

이 경험이 의미하는 바는 무엇일까? 망상의 고통을 '자신을 잘 지켜 내기 위한 심리적 시도'였다는 것을 이해하고 난 후 망상을 통해서라도 자기 조절력을 갖기 위한 노력을 하고 있었음을 스스로 알아차리게 된 것은 아닐까?

이는 어쩌면 망상에 대한 객관적인 이해 과정을 거치면서 더 이상 망상이 자신의 치명적 과오가 아님을 알아차림으로써 생각으로 해결되지 않을 고통을 자신의 마음 안에 담아내는 경험을 하여 R 스스로 '충동을 조절할 수 있다'는 자기 조절력을 직접 체험하는 새로운 자기이해의 계기가 되었을 것이다.

자신을
다룰 수 있는 힘

R은 분노 충동을 조절하지 못하고 피해망상에 사로잡힌 자신을 스스로도 이상하게 여겼다. 그래서 망상을 '제거해야 한다'는 생각을 끊임없이 곱씹으며 심리적 괴로움을 지속해야 했다. 하지만 R은 망상이 자신을 돕기 위해 필요한 심리적 방어 과정이었음을 인지한 후 망상하는 자신을 이해하게 되어 스스로를 이전처럼 처벌하지 않아도 된다는 것도 알게 되었다. R의 망상에 대한 새로운 자기이해가 스스로 이성적 노력을 통해 망상을 제거하려는 반복된 시도를 거듭함으로써 비로소 분노 충동을 조절할 수 있게 된 것이다.

이것은 망상을 이상한 것이 아닌 자신에게 일어날 수 있는 하나의 사건으로 이해하면서 가능했다. 만약 자기이해 과정 없이 계속해서 충동에 사로잡힌 자신을 처벌하려는 인지적 시도를 거듭했다면 R은 여전히 정서 조절 실패를 경험하며 폭식 행동을 멈추지 못했을 것이다. R은 망상이라는 고통을 이상하게 여기는 대신 새로운 자기이해로써 자신 안에 담아낼 수 있는 사건으로 받아들이면서 비로소 자신의 정서를 스스로 조절할 수 있는 통제력을 가지게 된 것이다.

진정한
혼자의 시간

우리의 일상에서 자신의 정서적 고통을 회피하려는 시도는 폭식 행동 외에도 음주나 흡연, 도박이나 게임 등으로도 나타난다. 행위의 정도가 시의적절하다면 개인적 성향에 따른 기호 행동이라 할 수 있으나 필요 이상으로 과도하게 몰입하는 것은 알코올 중독이나 니코틴 중독 같은 물질 중독, 자극적인 쾌락을 추구하는 게임 중독이나 도박 중독처럼 자신과 타인 모두에게 파괴적 영향력을 가진 행동으로 변질되기 쉽다.

중독은 부정적 정서를 회피하기 위한 지나친 몰입 행동과도 같아서 특히 갈등 상황이 다반사인 일상의 경험을 회피한다는 측면에서 보면 결과적으로 계속 대처 행동에 취약한 자신을 유지할 수밖에 없다. 따라서 반복되는 관계 회피 성향으로 원만한 사회생활 및 대인 관계를 지속하기 어렵기 때문에 불안과 우울 그리고 외로움을 반복하는 악순환의 굴레에서 벗어나지 못하게 되는 것이다.

R은 자신의 망상 충동을 하나의 사건으로 인지하고 난 후 비로소 자신의 정서적 외로움을 폭식이라는 파괴적 행동으로 거듭하기를 스스로 거두었다. 결정적으로 폭식 행동으로는 불안과 분노 그리고 외로움이 사라지지 않는다는 것과 수용할 수 없어서 불안을 증폭시켰던 망상이 자신의 방어 과정임을 객관적으로 이해했던 것이 반복된 고통을 이전처럼 회피하지 않고 스스로 수용할 수 있는 경험적 계기가 되었다.

여기에서 우리가 주목해야 할 점은 R이 조절력을 되찾은 후 외로움에 대한 정서적 대처를 새롭게 고민하기 시작했다는 것이다. 앞서 '혼자 있음은 어떻게 다루는가'에 대한 방식의 차이로 외로움과 고독이라는 두 가지 형태로 나타난다고 설명한 것을 기억하는가? 이렇게 보자면 R의 새로운 고민은 아마도 외로움이 아닌 자발적 고독으로 자신의 혼자 있음을 선택하려는 변화된 태도라 할 수 있을 것이다.

○

중년의 위기,
어디에서부터 잘못되었나

Q는 결혼 20년 차 중년 남성이다. 그는 직장 내 업무 스트레스와 몇 해 전부터 시작된 갱년기 증후군이 더해져 신체적, 정신적으로 힘겨워하고 있었다. 맞벌이인 아내도 안팎으로 분주하고 자신을 돌볼 여력이 없기는 마찬가지였지만, 아이들과의 관계에서는 Q보다 친밀감이 더 있었기에 Q는 가정에서도 소외감과 외로움에 정신적 위기감을 느끼게 되었다.

최근 직장에서 부서 이동 문제와 직위 변화에 따른 불안정, 그에 따른 경제적 문제가 불안을 자극하면서 Q는 우울감과 외로움이 더 깊어졌는데, 아내와 10여 년 넘게 계속되어 온 정서적 거리감으로 인해 현재의 위기감을 아내에게 쉽게 털어놓기가 힘들었다. 결혼 초에는 갈등이 생기면 대화로 풀어 보려고 노력했지만, 자녀를 낳고 난 후 소원해지면서 어느 순간부터 서로에게 무관심해졌다.

돌이켜보니 부부 싸움을 할 때 Q는 아내가 자신을 향해 쏟아 내는 불평과 비난을 참기가 힘들어서 싸우다 말고 홀연 방에 들어가 나오지 않거나 집을 나가 버리고는 했는데, 이러한 싸움 방식에 아내는 심하게 분노를 표출했다. 그러다 언젠가부터 아예 대화를 시도하지 않게 되면서 지금의 상태에 이르게 되었다.

Q는 이렇게 적응한 방식이 일시적으로 편하기도 했으나, 오랜 시간 지속된 대화의 부재가 아내와 거리감이 생긴 계기가 된 것 같아 이후 가장으로서의 역할이나 부부 생활 그리고 부모 자녀 관계에 대한 자신의 입장을 어떻게 취해 나가야 할지 심각하게 염려하기 시작했다.

유년의 위기, 청년의 위기라는 말은 흔치 않아도 '중년의 위기'라는 말은 아마 많이 들어 보았을 것이다. 그만큼 중년에 처한 상황은 여러모로 위기감을 가질 수밖에 없다는 이야기다. 발달심리학적 측면에서 보더라도 중년은 신체적으로는 갱년기에 처하고, 사회적으로는 다양한 역할 변화로 혼란스럽고, 정신적으로는 삶의 의미를 잃고 공허함과 외로움 그리고 우울감에 젖기 쉬운 시기다.

특히 남성은 중년에 이르기까지 주변의 관계나 내면을 돌볼 여력도 없이 사회적 성공을 위해 앞만 보고 달려오느라 특히 정서적 위기에 어떻게 대처해야 하는지에 대한 자기 돌봄이 서툴다. 남성은 여성과 달리 '성취', '경쟁', '감정 억제', '가장으로서 의무' 등에 몰두하며 관계보다 주어진 역할에 신체적, 정신적 에너지를 쏟아붓는다. 더구나 한국 사회에서 대부분의 남성은 이러한 남성 역할에 대한 과도한 부담을 안고 살아가야 하는 사회적 메시지와 압력에 노출되어 있다. 그래서 이러한 사회적 남성 성역할의 부담으로 인해 내면의 정서적 갈등과 위기감을 더욱 표현하기가 힘들다.

이렇게 억압된 정서는 중년 남성의 심리적 위기감을 더욱 가중하고 급기야 직장뿐 아니라 부부 관계, 가족 관계에서조차도 정서적인 위기감에 몰려 자신이 설 자리를 제대로 찾지 못하고 휘청거린다.

나는 가장, 남편, 남자니까 못하는 것

Q는 지금 이러한 '중년의 위기'를 맞았다. 특히 직장과 가정 내 역할 변화에 따른 정서적 위기를 지지해 줄 관계의 중요성이 그 어느 때보다 절실해졌지만, 정작 Q는 자신의 정서적 위기감을 함께 나눌

대상이 없다. 게다가 친밀감이 사라진 부부 사이는 이러한 정서적 위기를 더욱 위태롭게 만들었다.

특히 Q는 갈등이 있을 때마다 '가장으로서', '남편으로서', '남자로 서'의 성역할 부담을 우선해서 자신이 어떻게든 문제 상황을 해결해 야 한다는 당위적인 쫓김에 스스로를 내몰기 바빴다. 그리고 이에 아내는 일방적으로 몰아붙이는 남편의 태도에 불만과 비난을 쏟아 냈다. 하지만 Q는 감정적인 아내의 방식에 대응하는 것은 현실적으 로 문제 해결에 도움이 되지 않는다는 생각으로 이를 무시해 버렸 다. 심지어 아내의 공격적인 태도를 자신의 권위를 위협하는 것처럼 여겨 갈등 상황을 회피함으로써 부부 갈등을 무마하려 했다.

Q의 정서적 위기감은 직면한 문제 상황보다 Q가 문제를 다루는 방식에서 살펴볼 필요가 있다. Q뿐 아니라 대부분 남성은 갈등 상황 을 함께 공유하며 이해하려 노력하기보다 빠르게 해결하려고 한다. 이러한 해결 지향적인 태도는 앞서 이야기 한 '남자다움' 혹은 '강인 함'과 같은 남성 성역할에 따른 문제 대처 방식이라 말할 수 있다. 특 히 '가장으로서', '남편으로서' 가져야 할 남성 성역할에 대한 훈습이 깊이 내면화된 경우라면 자신에게 당면한 문제는 '남자답게' 스스로 해결해야 한다는 당위적 신념에 쫓기기 쉽다. 하지만 이러한 심리적 쫓김으로 초래되는 부정적인 정서를 남성 성역할의 영향으로 쉽게

표현하지 못하게 되어, 문제를 해결해야 한다는 압박과 함께 부정적 정서의 고통을 치러야 하는 이중 고통의 위기에 놓이게 된다.

　이중적인 고통에 대해 말하지 못하는 남편의 속사정을 아내의 입장에서 이해하기란 쉽지 않다. 일단 표현되지 않는 속마음을 알 리 만무하고, 특히 남성은 당면한 문제를 해결하지 못하는 것을 두고 '남자답지 못하고 약한 모습'으로 스스로 낙인하는 경향이 있기 때문에 이것을 아내에게 내보인다는 것이 여간 어려운 일이 아니기 때문이다. 남성들은 이렇게 봉착한 정서적 위기의 딜레마를 해결하기 위해 Q처럼 갈등 상황을 일방적으로 피하며 자신만의 '동굴'을 찾는다. 남성 성역할에 대한 의무를 짊어지고 이것을 '남자답게' 해결하기 위해 그들만의 고유한 방식으로 '동굴로 들어가서' 해결 각오를 다지는 것이다.

○

문제 해결을 명목으로
등한시한 것

Q는 아내와 갈등을 겪을 때마다 이렇게 '동굴로 들어가는' 회피 경험을 한다. 가장으로서 권위를 위협하는 아내의 태도에 화내며 맞서는 것도 남자답지 못하고, 갈등 상황을 해결하지 못하는 자신이 무능하게 보이는 것도 남성 성역할에 걸맞지 못하다고 느껴서 이러한 상황에 자신이 겪는 정서적인 불안과 외로움을 표현하는 것은 더욱 남자답지 못한 것이 되어 버린다. 결국 성역할 부담에 따른 자기 낙인에 얽매여 결국 동굴로 잠시 피해 들어가 자신의 정서적 위기를 해결할 수밖에 없는 것이다.

자신의 정서적 위기를 더 악화하지 않기 위한 Q의 대처 방식을 남편의 입장에서는 긍정적으로 이해할 수도 있다. 하지만 아내의 입장에서 보면 부부 사이의 상호 갈등 상황을 남성의 성역할 부담에 따른 자기 의무와 책임을 우선하며 일방적인 회피 대처 방식으로 해결하는 것처럼 보일 수도 있다는 것을 고려해 보아야 한다.

'동굴로의 회피 방식'에 드는 또 하나의 우려는 그 안에서의 경험은 고통 경험 회피가 될 수 있다는 점에서 이것은 어쩌면 Q의 정서적 위기를 효율적으로 다룰 수 없는 방식이 될 수 있다는 것이다. 앞서 이야기한 것처럼 부정적인 정서 경험을 회피하기 위한 시도는 결국 그러한 정서를 억제하기 위해 이성적인 통제(곱씹는 생각)를 반복하기 때문에 오히려 강박적인 사고의 연속으로 불안, 우울, 외로움 같은 부정적인 정서가 더 나아지지 않는 역효과를 낳기 때문이다.

만약 Q가 개인의 성격적 특성으로 '친밀감에 대한 두려움'에 갈등 회피 성향을 가졌다면 이러한 성역할에 따른 자기 낙인을 더 공고히 한 채 '동굴'로 회피하기 쉽다. 그렇게 되면 Q는 자신의 정서를 억제한 상태로 사회적 성역할에 충실한 방식으로 부부 갈등을 해결하려는 한계 안에서 '남자다운' 해결책을 또 한 번 도모할 가능성이 많다. 그럼 애써 고심하며 선택했던 '동굴 회피 경험'이 일시적으로는 해결책을 도모하는 '남자다운' 선택이 되었을지 몰라도, 한편으로는 해결 지향적인 방식으로 문제를 바라보느라 정작 돌아보아야 할 자신의 정서적 위기와 상대(아내)의 입장을 헤아리지 못할 수 있다.

　나는 사회적 인식에 따른 성역할 수행 방식으로서 이러한 남성들의 해결 지향 방식이 부부 갈등 문제를 다루는 데 적합한지를 두고 시시비비를 가리고자 하는 것이 아니다. 부부간 갈등의 경험을 '혼자의 경험'으로 다루려는 것이 오히려 부정적 정서를 지속하는 경험 회피가 될 수도 있음을 우려하는 차원에서, 또한 혼자 있음의 경험이 지속되는 외로움이 아니라 자신을 성찰하고 돌보는 자발적 고독의 자리가 될 수 있기를 바라는 마음에서 Q의 갈등 대처 방식을 다시금 바라보자는 것이다.

관계 안에서의 '혼자 있음'

　외로움은 주관적인 느낌이지만, 일반적으로 사회적 관계의 결핍을 지각하는 반응으로 나타나는 부정적 정서 상태다. 이에 반해 고독은 혼자 있음에 대한 필요성을 자각하고 그 시간을 자발적으로 선택하는 상태라 할 수 있다.

　어찌 보면 Q의 '혼자 있음'은 나름 해결책을 도모한다는 면에서 외로움이 아닌 고독의 경험이 될 수 있을지 모르겠다. 하지만 부부 관계라는 사회적 관계 유지를 위한 자기 결정적 동기를 가진 선택이라는 점에서 고독은 분명 외로움의 혼자 있음과 다를 것이다. 달리 말하면 자발적으로 선택한 혼자 있음이 자신뿐 아니라 부부간 서로에게 '생산적 가치'를 느낄 수 있는가에 대한 여부다.

자발적인 고독에서의 생산적 가치란, 외로움과 달리 자신뿐 아니라 '타인으로서 상대'를 인식하는 사회적 관심을 필요로 한다. 가령 자기중심적인 사람들이 선택하는 자기 결정적 선택들은 결국 자기에게 생산적인 가치로 되돌아오지 못한다. 자신에게만 몰입한 사고와 행동은 그것이 타인에게 미치는 영향을 가늠하지 못하게 하여 결국 상호 작용이라는 관계적 측면에서 보았을 때, 타인의 이해와 공감을 얻지 못하기 때문이다.

이것은 결국 관계 유지를 어렵게 하고 서로에게 고통만 초래하는 결과를 낳을 뿐이다. 이렇게 본다면 사회적 관계 유지를 위한 자발적인 고독은 외로움과 달리 혼자 있음이 자신뿐 아니라 상대를 배려하는 사회적 가치에 대한 인식을 필요로 한다 말할 수 있다.

Q의 상황은 부부 갈등이었으며, 이러한 갈등은 혼자서 경험하는 갈등이라 할 수 없는 상호 관계의 갈등이다. 관계의 상호성은 늘 개인의 선택 과정에 사회적 가치에 대한 전제가 신중히 요구된다. Q가 선택한 홀로 있음이 만약 성역할의 부담에 따른 내면화된 자기 강요

에 우선하고 부부 관계라는 상호적인 입장에서 상대인 아내의 고통 경험에 대한 이해가 배제된 자기 선택 과정이었다면, 그것은 자발적 고독이 아닌 외로움의 경험이 되기 쉽다. 그만큼 홀로 있음이 자신에게 생산적인 가치와 변화를 가져다줄 수 있는지의 여부는 자기중심적인 만족을 넘어서 그것을 상대와 함께 공유하려는 자발적인 동기를 가질 수 있어야 함에 있다는 것을 말해 준다.

만약 Q의 자발적인 홀로 있음이 부부 관계의 상호성을 충분히 고려하지 못한다면 그 원인은 과연 어디에 있을까? 사회적 남성 성역할 부담에 대한 자기 강요에 쫓기며 부부 관계의 의미를 상실한 채 합리적인 문제 해결에 급급하여 정서적 위기에 처한 자신도 돌보지 못할 만큼 자신에 대한 이해를 객관적으로 가늠하지 못하기 때문은 아닐까?

○

나와 상대방을
한 걸음 뒤에서 바라보기

객관적 근거가 빈약한 자기이해는 자신에 대한 부정적인 오해와 편견을 만들기 쉽다. 과거 경험은 단지 우리에게 회상할 수 있는 '기억'이라는 수단으로만 그 가치를 알려 주는 것이 아니다. 그 기억에 얽힌 수많은 주관적인 사고와 정서가 지금의 '나'의 개념을 만든다. 그리고 우리는 누구라도 예외 없이 이러한 자기 개념을 가지고 자신과 세상을 바라본다. 만약 누군가가 그렇게 만들어진 부정적인 자기 개념에 갇혀 고통받고 있다면 그것은 기억 속에 얽힌 개인적인 생각과 감정이 자신을 괴롭히고 있다는 이야기일 것이다.

외로움에 갇힌 사람들은 이렇듯 부정적인 자기이해를 가지고 자신의 홀로 있음을 바라본다. 부정적인 자아상을 가진 사람은 대부분 자신의 결점에 초점을 맞추고 여기에서 파생된 부정적인 정서를 억제하거나 제거하려는 반추적 사고를 함으로써 오히려 그 강박적인 생각에 갇혀 우울과 불안을 되풀이한다.

결국 자신의 고통과 괴로움에 매몰된 자신을 한 걸음 뒤에서 바라보기 위해서는 고통을 수용할 수 있는 자기이해의 타당한 근거를 발견해야 한다. 이런 측면에서 본다면 '한 걸음 뒤에서 바라본다'는 것은 어쩌면 고통이 초래된 상황을 객관적으로 고려해서 수용 여부에 대한 타당성을 스스로 분별할 수 있게 된다는 의미일 것이다.

자기이해에 타당한 근거들은 대부분 과거 경험에 숨어 있다. 그래서 담담히 자신의 과거를 되돌아보면 그 경험 속에서 자신이 미처 알아채지 못한 자신과 타인에 대한 새로운 이해를 발견하게 된다.

개인적인 견해로 고통을 경험하는 내담자들의 과거 경험을 탐색하다 보면 내담자 대부분이 자신의 부정적인 면에 집중하며 이를 해결하려는 심리적 고군분투로 인해 정작 자신이 경험했던 긍정적인 경험이나 가치를 인지하지 못한다. 그래서 자기이해의 대부분은 부정적이기 쉽고 다른 이들에게는 충분히 괜찮은 모습으로 여겨지는 지금의 자신도 미처 알아채지 못한다.

이렇게 빈약한 근거를 두고 자신을 부정적으로 인식하는 상태로 홀로 있음을 선택한다면 그것은 분명 반복되는 외로움의 자리가 될 확률이 높다. 하지만 홀로 있음의 시간을 충분한 자기이해에 대한 근거를 가지고 선택한다면, 아마도 그 시간은 당면한 문제를 객관화하고 더 나아가 자신뿐 아니라 상대에 대한 이해까지 가능하게 되는 자기 성찰적인 고독의 경험이 될 것이다.

자신을 마주하면
상대방도 마주할 수 있다

짐작하건대 Q가 부부 관계 개선을 고민하고 있었다면, 이러한 홀로 있음이 자신만의 고통 회피 수단이 아닌 함께하기 위한 자기 성찰 수단으로 경험할 필요가 있을 것이라는 이야기다. 그렇게 된다면 Q의 혼자 있음이라는 갈등 대처 방식은 외로움이 아닌 자발적인 고독을 위한 생산적 수단이 되지 않을까? 만약 Q가 이러한 고독의 경험을 통해 부부 관계에서 느끼는 정서적 위기감을 다루려고 한다면 어떤 방식을 선택하게 될까?

아마도 '부부 갈등을 홀로 회피하지 않는 것이 더 큰 위기를 만들지 않는다'는 새로운 이해를 자신의 홀로 있음에 반영할 수 있을 것이다. 이것은 자신뿐 아니라 상대의 고통을 함께 공유하기 위해 용기를 내는 것이며, 이후 부부 각자가 자신이 원하는 결혼 생활의 의미를 다시금 알아차리는 계기가 될 것이다.

사실 이러한 알아차림이 있었다 해도 여전히 경험 회피를 위해 동굴에 있기를 원한다면, 그것은 Q가 자신의 내면화된 죄책감이나 수치심을 미처 알아차리지 못하거나 혹은 인지한 수치심과 죄책감을 어떻게 다루어야 하는지 잘 알지 못하기 때문이다. 아직은 진정으로 자신을 용서한다는 것이 무엇인지 그리고 그것을 어떻게 해야 하는지 알 수 없어서 괴로움이 남아 있다는 이야기다.

이러할 경우 회피하려는 자신을 책망하기보다는 자신을 용서할 수 없어서 여전히 괴로워하고 있음을 있는 그대로 인정하고 이를 알아차리는 것이 오히려 Q에게 도움이 된다. 왜냐하면 이러한 알아차림은 적어도 Q가 지금의 '용서할 수 없음'에 머물 수 있도록 하는 것이며 거짓 용서나 자기 처벌식 용서를 시도하지 않고도 자신의 고통을 담아내고 있음을 생생하게 경험하는 것이기 때문이다.

경우에 따라 부부 사이에 친밀감의 부재는 섹스리스라는 문제로 이어져 부부 생활 및 가정을 원만하게 유지하는 데 큰 장애가 되기도 한다. 기능적인 성생활 문제가 아닌 정서적 소통의 부재로 인해 부부간 친밀감이 부재하여 발생하는 섹스리스는 더 이상 중년과 노년의 문제에만 국한되지 않는다. 사실 사회적 노출에 대한 염려로 성생활의 부재에 따른 부부 갈등이 공공연하게 드러나지 않을 뿐이지, 실제 부부 상담을 하다 보면 연령대와 관계없이 성생활의 부재가 부부 갈등에 상당한 비중을 차지한다.

물론 소통 부재로 인한 섹스리스가 부부 생활 영위 차원에서 반드시 치명적인 위협을 준다고는 할 수 없다. 일부 부부들은 소통 부재로 인해 부부 사이에 거리감이 생기더라도 그 거리감에 서로 익숙해지는 편안함을 느끼기도 한다. 하지만 문제가 되는 것은 거리감을 편안하다고 여기는 실제적인 이유가 정말 그 상황에 만족해서라기보다는 부모로서의 책임감을 우선하면서 상황을 외면하거나 결혼 유지에 더 큰 의미를 부여하며 부부 갈등의 원인으로 삼고 싶지 않는 경우, 또는 개인적인 성적 성향의 차이를 존중하며 각자의 취향대로 개인적인 생활에 더 집중하면서 물리적 거리 두기를 유지하기위해 선택된 경우가 대부분이다.

어쩌면 소통의 부재로 인해 '일정 거리 두기를 유지하는 것'은 갈등 경험을 오랫동안 회피하면서 발생한 부부 관계의 한 형태일 뿐 이를 문제없는 상황이라고 단정 지을 수 없다. 경우에 따라 회피 단계를 넘어 관계 개선을 위해 배우자에게 감사한 마음 또는 미안한 마음을 우선하며 서로에게 의미를 부여하는 경우도 있지만, 이 또한 부부 관계의 친밀감을 온통 대변할 수는 없는 것이다.

물론 어떤 방식을 선택하여 부부 사이의 친밀감 부재를 다루든 간에 그것은 당면한 상황에 놓인 부부 각자의 선택이다. 그래서 그 일을 두고 제삼자가 시시비비를 가리는 것은 의미가 없다. 하지만 선택한 방식이 여전히 자신뿐 아니라 상대 배우자 그리고 가족에게 고통을 초래한다면, 그것은 분명 선택에 앞서 자신에 대한 객관적인 이해를 놓치고 있을 수 있다는 점을 알아차릴 필요가 있다. 부부에게 초래된 고통은 상대 배우자의 변화로 다룰 수 있는 것이 아니라 부부 각자 스스로 객관성을 유지하며 자신을 먼저 바라보는 태도에서 갈등의 실마리를 찾을 수 있다는 것을 염두에 둘 필요가 있다.

○

부정적 감정에서
자유로워지는 법

심리 치료 작업을 할 때 굳이 떠올리고 싶지 않은 과거 경험에 대해 이야기하도록 돕는 이유는 고통을 만든 사건들을 조언과 설득으로 단순히 긍정적으로 바라보게 하기 위함이 아니다. 역사를 되돌아보는 이유가 단순히 그때의 일들을 낱낱이 기억하고 공공연하게 드러내기 위함이 아니라 현재와 미래를 더 잘 살아가기 위해 과거에 얽매이지 않고 자유로워지기 위함인 것처럼 말이다.

이는 한 개인의 역사뿐 아니라 국가적 차원에서도 마찬가지다. 유태인 박해에 대한 반성적 성찰과 재인식에서 비롯된 독일 국가 차원의 공식적 사과는 단지 유태인에게 사죄의 마음을 표현했다는 윤리적 차원에서만 의의가 있는 것이 아니다. 독일이라는 국가가 스스로 수치스러운 과거를 공식적으로 드러내어 이에 당사자들 간의 '용서 과정'을 통해 현재의 독일을 더욱 당당하게 인정받을 수 있도록 한, 말 그대로 용기 있는 업적으로서의 경험이다.

이런 측면에서 본다면 과거의 고통 경험을 재조명하는 것은 괴로움으로부터 보다 자유로워질 전환적 계기가 될 수 있다. 재조명한다는 것은 단순히 고통을 의식적으로 들추는 것이 아니라 고통에 얽혀 있는 자신과 타인의 복잡한 이해관계를 객관적으로 볼 수 있도록 분별해 나가는 과정이다.

이러한 분별력을 갖추면 끊임없이 고통을 초래했던 기억 속에 갇힌 서로의 과오를 진정으로 용서할 수 있는 내적 힘(용기)을 가질 수 있게 된다. 우리는 기억이라는 실체로부터 완전히 자유로울 수는 없지만, 기억에 얽힌 생각과 감정은 자신에 대한 풍성한 알아차림의 과정을 통해 충분히 변화할 수 있다. 결국 고통스러운 기억이 사라져서가 아니라 거기에 얽힌 우리의 생각과 감정이 변해서 자유로워지는 것이다. 그렇다. 객관적인 자기이해의 과정은 곧 삶의 고통을 마주할 수 있는 용기를 우리에게 선사한다.

그때의 선택이
지금도 맞을까

외로움에 침잠된 사람들은 사실 삶에서 마주해야 할 필연의 고통으로부터 깊이 상처받고, 더 큰 상처를 받고 싶지 않기에 이를 마주할 용기보다는 혼자 있음을 선택한다. 그런데 이 선택이 오히려 더 깊은 외로움을 만든다는 것을 잘 알지 못한다. '아는 만큼 생각하고 느끼고 행동한다'는 점은 누구라도 예외가 없다. 하지만 그러한 이유로 자신을 더 잘 알고 이해하기 위해 자신의 과거 경험을 되돌아보는 사람은 생각보다 많지 않다. 심리적인 괴로움을 안고 상담실을 찾는 많은 내담자가 자신의 과거 경험을 되돌아본 후 공통적으로 하는 말 중 하나가 있다.

"내 자신에 대해 누구보다도 잘 안다고 생각했는데 나를 다시 돌아보니 잘 알지 못하거나 잘못 알고 있었던 게 참 많았네요."

자기중심성향이 강한 사람일수록 과거에 대한 자기 왜곡이 심하다. 그 이유를 듣다 보면 그렇게 왜곡될 만한 개별적 근거가 제법 많다. 어찌 보면 '자기이해의 객관적 반영'이란, 그러한 개별적 근거들의 타당함에 대하여 말 그대로 객관적으로 재검토해 보는 과정인 것이다.

어찌 보면 우리는 누구라도 예외 없이 근거들을 내세워 자신만의 편향된 확고함을 가지고 나름의 고통에 맞서느라 고군분투한다. 하지만 분명 알아야 할 것은 그 고군분투가 자신을 견디기 힘든 고통과 괴로움으로 지속적으로 몰아간다면 그만큼 자신에 대한 이해가 객관성이 빈약하다는 것이다. 그러므로 자신에 대한 이해를 다양한 관점으로 돌아볼 필요가 있다는 것을 알아차려야 한다.

경험적으로 보았을 때 이러한 알아차림에 대한 경험이 풍성해질수록 불안, 우울, 외로움 같은 부정적인 정서가 많이 줄어든다. 지금까지 소개한 다양한 사례에서도 그랬지만, 대부분 '내가 왜 불안한가'에 대한 심리적 원인을 타당하게 이해만 받아도 불안 수준이 상당히 낮아진다. 이는 불안을 야기하는 외적 상황은 변한 것이 없지만, 자신의 불안에 대한 타당한 이해가 자신의 상황을 이전과 다르게 볼 수 있도록 하는 내적인 힘(심리적 유연성)을 키워 주기 때문이다. 이것을 두고 소위 관점의 전환*이라는 말을 사용하기도 한다.

이러한 관점의 전환은 자신의 개별적 상황과 무관하게 '무작정 관점을 전환해야 한다'는 자기 강요 식의 생각으로만 되는 것이 아니

---

* 현상, 사물, 사고 등을 다른 관점으로 바라볼 수 있는 태도. 여기에서는 '심리적 유연성'과 비슷한 맥락으로 풀이된다.

다. 만약 그렇다면 이것은 또 다른 외적 강요에 순응하는 거짓 자기 수용에 가깝다. 그래서 이러한 강요에 또 한 번 자신을 내몰면 일시적으로는 조금 위안이 될 수 있을지 몰라도 강요에 순응하는 모습으로 자신을 경험하게 됨으로써 자기 조절력 상실을 되풀이하는 셈이다. 불안을 야기하는 개별적 심리 근원에 대한 타당한 이해가 없는 자기 강요 식의 억지 밀어붙이기는 결국 같은 괴로움을 반복할 확률이 크다.

7장

나를 읽어 주는 심리책

나를 이해하면 얻는
삶의 의미

'지금 여기의 나' 행복하기

○

아무리 많은 돈을 내도
살 수 없는 것

기억할지 모르겠지만, 개인적인 견해로 외롭지 않음이 곧 행복함이라고 했었다. 그래서 사람들이 외로움이라는 고통에 불행함을 느끼는 심리적 과정을 여러 사례를 들어 가며 이야기했다. 그리고 고통이 더 악화되지 않기 위해서 '고통을 어떻게 다루어야 하는가'를 이해하기 위해 '객관적인 자기이해의 과정'이 필요하다고 했다.

마지막 장에서는 객관적인 자기이해의 과정을 토대로 '외롭지 않은 행복함'에 이르기 위해 우리의 삶을 어떻게 바라보아야 하는지, 혹은 실제 어떻게 이루어 갈 수 있는지 함께 이야기를 나눠 보려고 한다.

현대 사회는 생존이 화두다. 최첨단 과학의 발전과 함께 문명은 점점 더 고도화되고 사람들은 이러한 문명의 풍요로움을 누리기 위해 더욱 경쟁에 몰입한다. 사회적 성취를 위한 경쟁은 문명이 약속했던 물질적 풍요로움은 선사했지만, 경쟁에 따른 심리적 고통이 물질적 풍요함의 그늘에 가려져 방치되고 있다. 사람들은 방치된 정서적 황폐함을 물질로 채우려는 보상 심리로 부지불식 일에 과도하게 몰입하고, 이러한 몰입은 정서적 위기감을 증폭하는 악순환을 거듭한다.

이러한 이유로 사람들은 점점 더 안전한 소속감과 이에 따른 정서적 친밀감을 갈망한다. 익히 알다시피 인간의 기본 욕구 중 하나가 '안전의 욕구'인데 현대 사회는 이러한 안전의 욕구를 충족할 방법으로 관계적 만족으로서 '사회적인 수용(social acceptance)'과 물질적 보상으로서 '부를 축적하기'에 주목한다.* 쉽게 말하면 사람들과 좋은 관계를 맺으며 사는 것 못지않게 돈을 잘 버는 것도 인간의 안전 욕구를 충족시킨다는 것이다. 물론 이 두 가지 모두를 충족한다면야 더할 나위 없겠지만, 여기에서 한번쯤 새겨 둘 필요가 있는 점은 일반적으로 사회적인 소속감이 생기지 못할 경우 경제적인 부의 축적에 더 몰입하는 성향을 보인다는 것이다.

---

* 〈물질주의와 인간관계 경시의 심리적 원인〉 (박진영 외, 한국심리학회, 2012).

허한 감정을 채우기 위한 방편,
경쟁심

이런 측면에서 본다면 인간관계의 낮은 신뢰감과 친밀감 부재에 따른 외로움은 돈 벌기를 통해 자신의 생존과 안위에 더 집착하도록 부추기는 정서적 요인이 된다고 말할 수 있다. 실제 경험적 사례나 많은 연구 자료를 통해서 보더라도 소득 수준이 높은 사람이 오히려 행복 수준이 낮다는 결과는 정서적 외로움에 따른 고통을 부의 축적이 대신하지 못한다는 의미가 아닐까 한다.

개인적으로 경험한 상담 사례에서도 상당한 경제적 능력을 갖추고 있었음에도 정서적 외로움을 호소한 내담자가 제법 있었다. 그들이 호소하는 내용 중 공통된 이야기는 '마음으로 믿을 사람이 없다', '상대가 계산적인 태도로 나에게 접근한다'였으며 이들은 마음 한구석에 '미리 경계하지 않으면 사기를 당할 수 있다'에 대한 우려와 긴장으로 대인 관계의 어려움을 겪으며 정서적인 고통을 호소했다.

그러므로 행복이라는 삶의 가치에서 사회적 관계와 친밀감은 분명 중요한 요소라는 것이다. 하지만 한정된 자원을 선점 우위 방식으로 나누어 가져야 하는 경쟁 사회에서는 원만한 사회적 관계 맺기를 통해 친밀감을 느낄 수 있는 관계의 상호성을 신중하게 고려할 틈이 없어 보인다. 상대의 욕구를 우선 배려하다 보면 내 것을 빼

앗길 것 같은 두려움이 생존에 불리한 역할을 하는 것처럼 여겨지기 때문이다. 이렇듯 우리가 살아가는 지금의 세상은 자기 만족에 몰두하는 자기중심성향을 더 강화하는 사회적 위기에 놓여 있다.

○

삶의 목표와 가치,
인생의 방향

　대기업에 근무하며 승승장구하던 U는 최근 직장 상사와 업무상 갈등 때문에 반강제적으로 퇴사를 하면서 심한 우울과 불안을 겪었다. 그는 이전에 경험치 못한 좌절을 경험하면서 앞만 보고 달려온 자신의 삶이 덧없고 공허하게 느껴지면서 무기력을 겪고 있었다. 이런 정서적 침체기에 오랫동안 지속되면서 점점 사람들과의 만남을 꺼리게 되고 주변 사람들의 염려도 자신을 비난하는 것처럼 느껴져 스스로 관계를 차단하며 은둔 생활 같은 칩거를 계속했다. 어쩌다 사람들을 만나면 U는 늘 입버릇처럼 말했다.

"나는 다른 사람에게 별 기대가 없어요. 그리고 별 의미 없는 대화를 주고받으며 어울리면서 시간 낭비하고픈 마음도 없고요."

그래서 자신은 늘 외롭다고 했다. 그런데 아이러니하게도 U가 바라는 삶의 가치는 '사람들에게 인정받는 멋진 삶을 사는 것'이다.

U에게 '인정받는 멋진 삶'이란 어떤 의미일까? 어쩌면 지금의 모습처럼 많은 사람이 부러워하는 대기업을 다니면서 승승장구하는 그런 삶일지 모르겠다. 그래서 주위 사람들의 인정과 부러움을 사는 것이 U가 말하는 '삶의 의미'일 수도 있다. 이처럼 목표 지향적이고 성취 지향적인 사람은 성공과 성취에 강력한 동기를 가지고 목표를 달성하기 위해 앞만 보고 달리느라 정작 이면에 가려진 자신의 정서적 돌봄에는 취약한 성향을 보인다.

이렇게 성공하느라 정서적 돌봄에 취약한 사람들이 예기치 않게 승진에서 누락되거나 조기 퇴직 혹은 이직 실패와 같은 좌절을 하면 거의 절망에 가까운 우울을 경험하게 된다. 성취 지향적인 사람이 가지는 자기이해의 맹점 중 하나가 바로 삶의 가치와 목표를 혼동하는 것이기 때문이다.

현재의 목표가
인생의 목표는 아니다

목표는 구체적으로 달성 가능한 상황이나 사건 등을 말하며 소위 자신의 노력 여하에 따라 그것이 실현될 수 있는 소유 가능한 '대상' 을 말한다. U의 경우처럼 '인정받는 멋진 사람이 되는 것'이라는 가치의 일환으로 목표가 수단이 되는 사람은 '승진에 따른 직위' 혹은 '학위' 같은 목표를 성취하고 난 후 심한 공허감과 우울함을 겪기 쉽다. 왜냐하면 삶의 가치를 목표와 혼동하거나 동일시하여 목표 성취 후 나아가야 할 다음 단계의 삶의 방향성을 상실하기 때문이다.

이와 흡사한 경우로 우리나라 학생들이 대학 진학을 자신의 삶의 최대 과업으로 여기며 공부에 열중하다 막상 원하는 대학 진학 후 심한 우울증과 다양한 심리 부적응을 겪는 상황을 들 수 있다. 이것은 이후 무엇을 해야 하고 무엇을 하고 싶은지 자기 삶의 '목적과 가치'를 스스로 가늠하지 못한 채로 대학 진학이라는 목표 성취에만 열중하다가 계속해서 나아갈 방향을 잃는 경우와 마찬가지다.

이렇게 보면 삶의 가치에 대한 자기이해를 분명히 한 상황에서 목표를 설정하는 것은 가치 실현에 보다 도움이 될 것이다. 가령 어떤 이가 막연하게 '멋지게 사는 삶'을 가치라고 설정하기보다 구체적인 자기이해를 토대로 '다른 사람들을 돕는 삶'이라고 방향을 정한다면 그는 이러한 가치를 실현하기 위해 학위를 취득하고 이후 관련 직종에 종사하기 위해 남다른 의욕을 불태울 것이다. 이뿐만 아니라 이 밖의 다양한 일에도 확장된 시선을 가질 수 있는 미래 지향적인 안목을 가지게 될 것이다. 결국 자신을 분명하게 이해하는 것이 나아갈 방향을 스스로 선택할 수 있도록 돕는 것이다.

○

가치의 방향대로
가는 것이란

또 하나 이야기해 볼 필요가 있는 '가치'에 대한 논의는, 가치는 '느낌'이 아니라는 것이다. 이는 앞서 다룬 부정적 정서 경험에 대한 회피 성향과도 관련이 있다. 회피 성향은 오히려 고통에 따른 부정적 정서를 해결하기 위해 고통을 유발한 사건을 계속해서 곱씹는 사고 과정을 반복하는데, 이를 두고 반추 사고라 한다. 사고의 반추가 초래되는 이유는 부정적 정서를 인지적으로 해결하려는 거듭된 시도 때문이다. 하지만 반복적으로 생각할수록 오히려 부정적인 생각이 증가하여 오랫동안 부정적인 감정에서 헤어 나오지 못하게 된다.

이러한 정서를 해결하기 위해 일부 사람은 필요 이상의 약물이나 술에 의지하기도 하고 또는 직접적인 위안을 얻고자 사람들과 피상적인 만남을 쉴 새 없이 거듭하기도 한다. 모두 그런 것은 아니지만, 이런 행동을 하는 사람들이 흔하게 하는 말 중 하나가 "인생 뭐 있어? 내가 즐거우면 그만이지"다. 이것도 어찌 보면 그들의 삶의 가치라 할 수 있겠지만, 이에 대한 시시비비를 가리기 전에 알아야 할 것은 그가 보여 주는 반복적인 행동이 '가치'와 '느낌'을 혼동하는 면이 있다는 것이다.

가치 실현은
끊임없는 선택이다

단지 삶의 가치가 '좋고 즐거운 느낌'을 위해서라면 우리는 결코 고통으로부터 자유롭지 못할 것이다. 만약 어떤 사람이 '다른 사람과 친밀하고 좋은 관계를 맺고 사는 것'에 가치를 둔다면 그는 경우에 따라서 인간관계의 여러 갈등 상황이나 뜻하지 않은 괴로운 상황을 마주할 때마다 두려움과 불안을 경험하게 될 것이다. 그런데 이러한 부정적인 느낌이 싫어서 일시적으로 좋은 느낌을 주는 술과 약물 섭취를 상습적으로 반복한다면 이는 분명 자신이 원하는 가치의 방향으로 가는 것이 아닐 것이다.

부정적인 정서 경험을 회피하기 위해 '좋은 느낌'을 선택하는 것은, 결코 좋은 느낌으로만 지속할 수 없는 인간관계의 한 측면을 외면하는 셈이다. 결국 좋은 느낌만을 유지하려다 갈등과 위기에 점점 더 취약해지는 자신을 마주할 수밖에 없다.

문제는 취약해진 자신을 부정하고 일시적인 위로와 정서적 안정을 위해 약물과 술 그리고 피상적인 만남을 반복하다가 부적응의 악순환에서 헤어 나오지 못한다는 것이다. 이러한 '느낌'의 가치 추구는 좋은 느낌을 주지 않는 삶의 부분들을 만날 때마다 결국 공허함과 우울, 불안 그리고 외로움을 반복하는 자기 패배적 태도*의 악순환을 경험하게 될 뿐이다.

가치에 대한 이해로써 또 한 면을 살펴본다면 '가치를 추구한다'는 것은 어쩌면 '지속적인 선택 과정'이라 말할 수 있다. 사실 끊임없는 이성적인 잣대와 평가가 그 준거가 된다 해도 과언이 아닐 만큼 우리의 대부분의 선택 과정은 자신이 알고 이해하는 만큼의 자기 판단을 통해 이루어진다.

보편적으로 사람들은 이성을 동원해서 바라는 바의 최선이나 최대의 결과를 얻기 위한 선택을 한다. 하지만 만약 선택이 논리적이

---

*   인지 왜곡에 따른 자기패배적 신념(self-defeating belief)에서 비롯된 태도. 이러한 태도는 대인관계에서 쉽게 갈등을 초래하고 부정적 감정에 빠져들게 만든다.

고 합리적인 이성적 판단에 따라서만 이루어진다면 그것은 우리가 말하는 삶의 가치를 추구하는 선택이라 하기 어렵다. 왜냐하면 선택은 미래의 결과를 결코 단정 지을 수 없다는 한계를 안고 다양한 대안 가운데 하나를 취하는 과정이며 그 과정의 결과물이 결국 우리가 나아가는 방향으로서의 가치가 되기 때문이다. 그렇게 보면 가치는 미래 지향적이다.

그렇다면 가치를 추구하며 수많은 선택의 과정으로 마주하게 될 미래를 현재의 출발선상에 놓인 우리의 이성으로 미리 판단하는 것이 과연 타당할까?

○

삶의 의미를 추구하는
바람직한 방식

그렇다면 '미리 판단함'이 아닌 '선택'으로서 우리가 행복을 지향한다면 그것은 과연 어떤 모습으로 이해할 수 있을까?

다양한 연구에 따르면 가치를 추구하는 삶은 삶의 의미를 가지는 것과 연관성이 있으며 삶의 의미의 여부는 정신 건강과도 밀접한 연관성이 있다. 가령 삶에 대한 의미를 상실할 때에 권태, 우울, 외로움 같은 심리적 부적응 증상이 나타난다. 이런 측면에서 보면 삶의 의미의 상실은 삶의 고통과 깊은 연관이 있다고 말할 수 있다.

일반적으로 우리에게 의미를 제공하는 개인적 원천(동기)은 크게 두 가지로 나누어 생각해 볼 수 있다. 하나는 힘의 동기이고 다른 하나는 친밀감의 동기이다. (이는 3장에서 다룬 내용이다.) 힘의 동기가 높은 사람은 사람들과의 관계에서도 상대에게 강한 영향력을 발휘하려고 하고, 일과 놀이에서도 경쟁적인 구도로 상황이 진행되는 것을 즐긴다. 반면 친밀감의 동기가 높은 사람은 타자와의 관계성을 중시하고 상대방과 대화 나누는 것을 좋아하며 동료에게 좋은 평판을 듣는 것을 추구한다. 그리고 이에 충실한 자신에게 만족하는 편이다.

이 두 가지 동기는 본질적으로 양립하기 때문에 사람들은 이 둘 사이 어느 지점에서 각자의 가치 추구 방식으로 의미를 만들어 나간다고 말할 수 있다. 정리하면 사람들은 일하며 사람들과의 친밀한 관계를 통해서 삶의 의미를 가지게 될 때 행복하다는 것이다.

나를 모르면
내가 원하는 길로 갈 수 없다

그렇다고 행복해지려면 반드시 삶의 의미를 가져야 한다는 당위나 강요식의 접근으로 이해하지 않기를 바란다. 삶의 의미를 추구하고 이를 발견해 가는 것이 개인의 행복에 긍정적으로 기여한다는 것을 알아차렸을 때, 이를 자신에게 어떤 식으로 적용하면 좋을지를 궁금해하며 실제 적용에 더 관심을 두길 바란다.

삶의 의미를 가지기 위해서는 각자의 방식대로 의미를 추구하는 행위들이 있을 것이고, 그 과정 중에 의미를 발견했을 때 비로소 우리는 '삶의 의미를 가지게 되었다'고 말할 수 있을 것이다. 그렇다면 삶의 의미를 발견하는 그 지점에 이르기 위해 의미를 추구하는 방식은 과연 어떻게 설명할 수 있을까? U의 사례를 통해 좀 더 쉽게 이야기해 보자.

결론부터 이야기하자면 U는 '객관적인 자기이해'의 부족으로 자신이 추구하는 가치와 목표를 혼동하여 결국 일과 관계의 영역에서 위기가 다가왔을 때 새로운 의미를 발견하지 못한 경우다. 결국 U의 경우 의미 추구 방식의 오류는 '삶의 가치와 목표를 혼돈하고 있었다는 것', '이러한 오류에 대한 자기 인식이 없었다는 것', '이러한 혼돈을 초래한 자신의 과거 경험을 신중하게 되돌아보지 못했던 것'이라 요약할 수 있다.

아마도 U는 일에서 성공하는 것이 곧 자신의 '멋진 삶'의 가치를 실현하는 것이라 여겼을 것이다. 그리고 성공으로써 얻는 사람들의 관심과 인정이 곧 관계의 친밀함을 보장하리라는 자신의 기대도 의미를 추구하는 방식의 오류에 한몫했을 것이다.

하지만 U는 이것을 알아차리지 못한 채 좌절을 경험한 후에야 비로소 자신의 내면에 관심을 가지게 되었다. 사회적으로 승승장구하던 U가 상사와의 불화가 계기가 되어 이전에 경험하지 못한 심한 좌절감으로 깊은 우울과 무기력을 거듭하면서 외로움에 깊이 잠식되어 가는 자신을 마주하게 된 것이다. 하지만 U는 이러한 고통을 내면에 간직한 자기 자신을 쉽게 인정할 수 없었다. 오히려 '멋진 삶'을 실현하기 위해 빨리 '고통을 해결해야 한다'는 심리적 압박에 자신을 몰아세웠고 그래서 남들이 부러워할 만한 더 나은 직장으로 이직을 해서 예전처럼 다시 인정받아야 한다는 내적 강박에 쉴 새 없이 쫓기고 있었다.

하지만 U에게는 그렇게 되기 위해 '어쩌면 이전보다 더 열심히 쉬지 않고 달려야 할지 모른다'는 두려움이 밀려왔다. 다시 과거의 힘겨웠던 고군분투를 되풀이해야 한다는 것이 스스로를 숨 막히게 했다. U는 이러한 모습을 겉으로 쉽사리 드러낼 수 없었다. 이렇게 좌절하고 두려움에 떨고 있는 자신을 다른 사람에게 보인다는 것은 곧 자신이 추구하는 '멋진 삶'과 어울리지 않을뿐더러 막상 이러한 모습을 드러냈을 때 스스로가 초라해질 것에 대한 염려가 더 컸기 때문이다.

여의치 않은 가정 형편으로 어렵게 자수성가하여 지금에 이르기까지 U는 '결코 약해지면 안 된다'는 자기 신념을 굳게 지키며 사느라 계속 고군분투할 수밖에 없었다. U에게 약한 모습은 곧 성공이 아닌 실패한 모습이고, 성공하지 못한 삶은 자신에게 멋진 삶이 될 수 없었던 것이다.

그래서 U는 자신의 멋진 삶(가치)을 위해 성공이라는 이름에 걸맞은 수많은 선택(의미 추구)을 하며 살아왔을 것이다. 그렇게 사회적인 성공(의미 발견)을 곧 멋진 삶의 가치로 동일시하며 살아온 그는 성공이라는 목표에만 집중했던 자신의 선택 과정을 조금도 의심치 않았을 것이다. 게다가 자신에게 치명적인 위기감을 주지 않는 한 목표와 가치를 혼돈하고 있다는 점도 쉽게 알아차리지 못했을 것이다.

이렇게 보면 U가 의미를 추구하는 방식은 말 그대로 일로써 성공하기 위해 선택된 경험들이다. 그런데 그 경험 방식에서 그는 미처 알아차리지 못한 자신의 모습이 있었다. 다른 사람들의 인정과 관심을 얻기 위해 늘 타인의 시선과 평가에 맞추어 사느라 정작 자신의 내면은 돌보지 못했던 것이다.

이처럼 타인 지향적인 가치의 추구는 거짓 자기를 더욱 강화하고, 정작 외롭고 힘든 참 자기를 약한 모습이라 몰아가며 이러한 자신을 스스로 소외시켜 자기기만을 지속케 한다. 그래서 내면의 고통을 마주하려 할 때마다 U는 고통을 회피하기 위한 수단으로 일에 더 매진해야 했고, 그렇게 외면한 고통이 다시금 고통의 불씨가 되어 늘 불안과 긴장을 지속해야 했다. 하지만 U는 자기 '삶의 의미'를 성공에 둔 이상 여기에서 안주할 수 없었다. 이전보다 더 열심히 일해야 한다는 강박에 끝도 없이 스스로를 내몰 수밖에 없던 것이다.

○

'할 수 있다'는 자기 확신은
어디에서 생길까

삶의 의미를 추구하는 과정에서 의미를 발견하면 행복한 안녕감에 이를 수 있겠지만, 의미를 추구하는 과정에서 객관적인 자기이해가 없는 추구 방식은 U처럼 위기 상황 때마다 삶의 의미를 상실하기 쉽다. U는 거짓 자기로 삶의 가치를 추구하며 고통을 마주할 때마다 자기 처벌적인 용서로 자신의 내면을 다루느라 정작 돌보아야 할 불안하고 외로운 내면의 목소리를 외면했다.

진정한 삶의 의미란, 해야만 하는 것을 멋지게 해내는 데만 있는 것이 아니라, 그래서 외면했던 내면의 목소리도 함께 들을 수 있어야 가능한 것이다. 과거를 만회하기 위한 성공에 대한 집착이 오히려 스스로를 힘들게 하고 있었다는 것을 알아차릴 수 있어야 U도 비로소 자신의 진정한 삶의 의미를 가질 수 있지 않을까?

5장에서 진정한 자기 용서가 아닌 거짓 자기 용서로 자신의 고통을 마주하면 그것이 일시적으로 위안을 주기는 해도, 거짓 자기에 대한 실체를 알아차리지 못하고 거짓 자기가 부추기는 합리화로 내면을 돌보지 못해 고통을 반복할 수밖에 없다는 것을 이야기했다. 이러한 악순환이 거듭된다는 것은 결국 의미를 추구하는 과정에서 자신을 객관적으로 이해할 수 없었기 때문이다.

결국 달라지는 것은 없어도
나에게 남는 것들

성공에 가치를 두는 삶이 의미를 상실한 삶이라 말하는 것이 아니다. U가 성공에 가치를 두면서 의미를 추구하고 발견하는 그 수많은 선택 과정에서 늘 불안과 긴장 속에 외롭고 지쳐 있었으며 행복하지 않은 이유를 '알아차리는 것'에 초점을 맞추자는 것이다. 이렇게 보면 아무리 노력해도 반복되는 고통과 괴로움으로 행복하지 않다면 자신의 삶의 가치를 다시금 되돌아볼 필요가 있을 것이다. 이것이 의미하는 바는 무엇일까?

U의 가치가 오히려 자신에게 고통과 괴로움을 준다는 것을 몰라서 지금의 고통을 반복하고 있었다면, 이를 알게 된 이후도 지금껏 지켜 온 자신의 가치를 계속 고수해야만 하는 것일까? 이에 성급한 결론을 내리기에 앞서 자신의 의미 추구 방식에 미처 돌아볼 여지를 두지 못했던 것을 알게 된 U가 이후에 어떠한 태도를 취할지에 좀 더 관심을 두어 볼 필요가 있다.

만약 U가 좌절 경험을 자신의 삶의 가치를 되돌아보는 기회로 선택한다면, U는 자신의 실패를 통해 비로소 자신을 신중하게 돌아봐야겠다는 의지를 가질 수도 있다. 그렇다면 U는 자신의 과거를 돌아보며 거짓 자기의 실체를 만나고 또한 돌보지 못한 불안하고 외로웠던 자신을 마주하게 될 것이다. 그리고 진정 용서할 수 없었던 자신의 초라함의 실체가 '실패하면 안 된다'는 내적 강박에서 비롯되었음을 알게 되고, 그러한 강박적 믿음은 자신의 아픈 과거에서 강화되었을 뿐 그 믿음이 지금까지 열심히 살아온 자신의 실제 모습을 온통 대변하는 것은 아님을 새삼 알아차릴 것이다.

이러한 알아차림이 당장 자기 자신을 크게 변화시키지는 않을지라도, 적어도 과거에 얽매여 고통을 치르는 심리적 소진을 거듭하기보다 지금 이후 자신의 선택에 집중하는 것이 자신이 원하는 가치의 방향으로 나아가는 길이라는 것을 알게 될 것이다. 이는 곧 선택 이후 따르게 될 책임에 대한 의미를 알아챌 수 있다는 뜻이다.

우리는 누구나 자신의 가치 실현을 위해 수많은 선택의 과정으로 지금에 이르렀다. 그렇다면 그다음 우리가 할 수 있는 다음 단계를 어떻게 정의할 수 있을까?

만약 그 선택 과정의 결과가 실패로 여겨진다면 당신은 어떤 태도로 이러한 실패에 반응할 것인가?

만약 자신이 현재 처한 모습을 실패로 인정하는 이유를 객관적인 자기이해 없이 성급히 내린 부정적인 판단일 수 있다는 여지를 두지 않는다면, 그 실패와 좌절의 굴레를 쉽게 벗어나지 못할 수 있다.

하지만 U의 경우처럼 과거를 다시금 돌아보며 거짓 자기에서 비롯된 자신의 아픔을 새롭게 이해하고 진정한 용서의 과정에 동참할 수 있다면 실패했다는 생각에 갇히기보다 이후 자신이 할 수 있는 반응에 관심을 두게 되지 않을까?

만약 그럴 수 있다면 이것은 우리가 해 왔던 선택에 스스로 책임지는 모습이 되지는 않을까?

이런 측면에서 본다면 '책임감 있는 태도를 가진다'는 것은 자신이 선택한 결과에 온전히 반응할 수 있다는 뜻일 것이다. 많은 경우우리가 느끼는 무력감은 실패나 좌절 그 자체에서 오는 부정적인 정서 때문이 아니다. 오히려 실패했다는 생각에 갇혀 현재 자신이 해야 할 일들을 하지 못할 때 무력감을 느낀다. 결국 무엇인가를 할 수 있다는 마음의 활력은 생각에 갇힌 자신의 모습을 객관적으로 이해하고 고통을 마주하는 지금-여기에서의 자신의 모습을 알아채야 비로소 가능하다는 이야기다.

○

자기를 확인받지 않아도
편안한 사람

그렇다면 삶의 가치를 실현하기 위해 의미를 추구하는 과정에서 의미를 발견하기까지 우리가 선택하는 수많은 과정에서 보다 관심을 두어야 할 삶의 의미의 원천이 있다면 그것은 과연 무엇일까?

이를 위해 일반적으로 자기 만족에 몰두하는 자기중심성향인 사람이 사회적 관심(개인뿐 아니라, 타인 및 가족, 그리고 사회적 관계에 이르는 다양한 외부 세계에 대한 관심)을 가지고 대인 관계를 바라보는 사람보다 외로움을 더 많이 느낀다는 것에 초점을 두어 생각해 볼 필요가 있다. 왜 그럴까? 자기 만족에 치중하는 자기중심성향의 사람은 자신의 행동이 타인에게 어떤 영향을 미치는지를 가늠하지 못한다. 그것은 결국 관계의 상호 작용 측면에서 보았을 때 타인으로 하여금 이해와 공감을 얻지 못해서 관계 유지를 어렵게 하고 서로에게 고통만 초래하는 결과를 낳을 뿐이다.

상담적인 측면에서 자기중심성향이 강화된 사람들의 과거 경험을 살피다 보면 자신의 욕구를 억압당하고 또 스스로 억제했던 기억을 회상하며 억울함이나 분노 같은 부정적 정서를 표현하는 경우가 많다. 그래서 이들은 상대에게 자신을 우선해서 이해받고 싶은 강렬한 욕구를 전하는 경우가 많다. 그만큼 억압되어 있는 자신의 목소리를 되찾고 싶은 열망이 있다는 것이다.

하지만 그들은 억압된 욕구를 실제 소리 내어 제대로 표현하기가 어렵다. 아이러니하게도 그들은 이미 거절에 대한 두려움이 내면에 깊이 자리 잡아서 이러한 두려움으로부터 자신을 안전하게 지켜 낼 수 있는 자기 방어 전략에만 골몰하기 때문이다. 자기 방어를 반복하다 보면 결국 왜곡된 자기이해가 더욱 강화되어 타인과 사회적 관계를 유지하는 것이 점점 더 어려워진다.

거절에 대한 두려움이 있다는 것은 이미 자신의 요구를 들어주지 않는 상대의 거절 경험을 통해 괴로움을 겪어 보았다는 이야기다. 그래서 자신의 요구를 타인에게 말하는 것은 자신의 고통을 예견하게 되어 두려울 수밖에 없다. 자기중심성향이 강할수록 거절에 대한 두려움이 많다는 것은 그만큼 상대로부터 자신의 요구가 수용되고 반영받은 경험이 적다는 뜻이다. 그래서 이들은 늘 대인 관계에서 자신이 타인에게 어떻게 느껴지는지를 알고 싶어 하고, 타인도 자신을 '자신이 원하는 모습'으로 인정하고 있는지를 늘 궁금해한다. 그렇다 보니 타인에게 자신이 수용되고 있는가를 늘 확인하기 바쁘고, 그렇게 충분하게 반응하지 않는 타인을 보면 일방적인 의심을 품고 원하는 반응을 확인할 때까지 상대를 추궁하기도 한다. 이것은 원만한 대인 관계를 지속하기 어려운 또 다른 이유가 된다.

그렇다면 외로움을 빈번하게 느끼는 자기중심성향 사람이 사회적 관심을 자기이해의 영역에 둘 수 있다면, 지금과 달리 행복한 안녕감을 더 자주 경험하게 되지 않을까?

이들에게 필요한 사회적 관심은 실제로 그것을 타인과 어떻게 나눌 수 있는가를 스스로 이해할 수 있도록 알아차리는 경험을 통해 회복될 가능성이 크다. 이러한 이유를 근거로 이들에게 필요한 객관적인 자기이해는 그들이 대인 관계에서 나타내는 자기 만족에 몰입한 태도를 우선하여 알아차리고 이러한 태도가 실제 어떤 모습으로 타인에게 전달되는가도 함께 알아차릴 수 있어야 한다는 것이다.

이러한 과정을 충분히 경험하다 보면 자기 몰입적인 자기중심성향에서 벗어나 타인에 대한 관심도 원만한 대인 관계를 유지하는 데

꼭 필요한 부분이라는 것을 이해하는 계기가 된다. 하지만 간혹 과도한 자기중심성향으로 이러한 객관적인 이해 과정보다 자신의 억울함과 분노를 더 우선해서 공감하는 과정이 필요한 경우도 있다. 하지만 나는 여기에서 더 나아갈 수 있는 많은 사람에게 보다 관심을 두어 말하는 것임을 강조하고 싶다.

○

지금 여기,
내가 행복할 시간

"그대도 오늘은 누군가에게 위로였다"라는 시 한 구절이 이 시점에 유독 마음에 와 닿는다. 아마도 외로움에서 행복에 이르는 지금까지의 여정을 간결하지만 의미 있게 돌아보게 한다는 생각이 들어 그런가 보다. 외로움뿐 아니라 삶의 고통을 마주하느라 힘들고 지친 '나'가 다른 누군가에게 위로가 될 수 있다는 것은, 어쩌면 그 타인도 그렇게 나에게 위로가 될 수 있다는 이야기가 아닐까 싶다.

이렇듯 관계 안에서 살아가야만 하는 인간은 그렇게 타인의 존재를 통해 자신의 존재 가치를 비로소 느낄 수 있다. 이것을 두고 '타자성(otherness)*이라고 하는데, 나를 비추는 타인이라는 거울을 통해 비로소 자신의 존재를 바라볼 수 있다는 뜻이다. 우리는 누구라도 이러한 타자성을 부정한 채 살아갈 수 없다. 그만큼 자기이해의 영역에 타인에게 비친 나에 대한 이해도 나의 일부분이라는 것이다.

이렇게 보면 자신 이외의 타인, 가족, 그리고 사회적 영역에 관심을 두는 것이 곧 자신의 존재를 온전하게 하는 중요한 의미가 있음은 틀림없는 듯하다. 실증적인 다양한 연구에 따르면 사회적 관계는 모든 연령에서 공통적으로 나타나는 삶의 의미의 원천이라고 한다. 그리고 개인의 주관적 만족에서 비롯한 안녕감보다 이러한 사회적 관계에 관심을 두는 것이 삶의 의미를 발견하는 것에 유리하며 안정적인 심리적 안녕감을 유지하는 데 도움이 된다고 한다.

그런데 돌연 이것을 두고 '삶의 의미를 발견하고 가치를 실현을 위해서는 나의 만족과 나의 필요를 우선하면 안 된다'로 오인하지 않길 바란다. 마치 '행복하기 위해서는 개인에 만족에 앞서 사회적 관심을 우선해야 한다'는 당위적 해석으로 이해할까 하는 염려가 생겨하는 말이다. 행복하기 위해 사회적 관심을 두어야 한다면, 그러한

---

* 　프랑스 철학자 에마뉘엘 레비나스(프랑스어: Emmanuel Levinas)의 '타자의 윤리학'에서 거론된 용어. 여기에서는 자아(self)의 존재에 필수적이면서 자아가 공존을 모색해야 할 대상으로서의 의미다.
　레비나스의 윤리적 주체관은 타자를 자아 성립의 전제 조건으로 적극적으로 수용할 뿐만 아니라 타자에 대한 책임과 환대를 주장한다. (위키백과)

관심은 이미 자신이 원하는 자발적인 동기를 가지는 데서 출발하는 것이 아니라 '그래야만 한다'는 당위에 자신의 욕구를 또 한 번 억제하는 것이기 때문이다. 만약 이러한 출발선상에 놓인 자신을 발견한다면 이 또한 자기이해의 사각지대가 있다는 이야기일 수 있으니 좀 더 객관적인 자기이해에 대한 돌봄의 필요성을 알아채길 바란다.

외로움이라는 정서는 문명의 이기를 누리는 이 시대의 그늘진 자화상이 아닐까 싶다. 주어진 사회적 역할에 충실하며 더불어 살아가는 행복을 향해 달려가지만, 정작 더불어 살면서 외로움을 더 많이 경험한다. 그래서 정서적으로 안정감을 찾는 것이 외로움에 잠식된 이 시대를 잘 살아가기 위해 꼭 필요한 요건처럼 느껴지기도 한다.

아마 이러한 이유로 동서를 막론하고 가족 관계가 행복에 대한 의미를 발견하는 중요한 원천이 되는 듯하다. 이렇듯 우리는 이미 가족 관계에서 삶의 의미를 발견하는 것에 행복의 가치를 둘 만큼 이미 사회적 관심에 대한 자기이해의 필요성을 절감하고 있었을지 모르겠다. 이를 긍정적으로 보면 부부나 가족, 그리고 사회적 관계에서의 친밀감의 부재는 우리로 하여금 외로움이라는 고통을 어떻게 바라보아야 하는가를 다시금 일깨우는 계기가 될 수도 있다.

특히 가족 관계는 상호적으로 영향을 주고받는 사회적 관계의 축

소판이라 할 수 있으며, 그래서 자신뿐 아니라 타인에 대한 이해와 관심이 서로에게 어떤 영향을 주는지를 잘 알 수 있는 곳이기도 하다. 하지만 이러한 상호적인 관계의 속성으로 구성원의 한 사람이 아무리 노력하더라도 관계를 맺는 다른 한 사람이 이에 대한 적절한 노력을 기울이지 않거나 혹은 할 수 없는 상황이라면 친밀감을 기대하는 관계 유지는 사실상 어렵다.

하지만 그런 기대감을 갖느냐 마느냐보다 우리가 인지해야 할 중요한 부분은 이러한 관계의 상호적인 측면을 고려해서 자신이 하고 있는 노력이 자신에게 어떤 의미가 있는지를 스스로 알아챌 수 있어야 하고, 또 상대방의 태도를 어떻게 지각하는지를 가늠할 수 있어야 한다는 것이다.

가령 어떤 부부가 친밀감의 부재에 무언가 변화의 필요성을 느끼고 있다면 이를 두고 서로에게 기대하는 것을 요구하기에 앞서 문제 상황에 대해 부부 각자가 자신을 어떻게 이해하는지, 그리고 상대 배우자의 태도를 어떻게 바라보는지를 가늠할 수 있어야 한다는 것이다. 친밀감의 부재에서 초래되는 외로움 같은 심리적 부적응의 문제들은 대부분 자기 오해와 왜곡에서 비롯된 자기 평가로 상대를 바라보기 때문이다. 이러한 이유로 부부 각자가 자신을 우선해서 돌아본다는 것은 결국 왜곡된 자기이해를 온전하게 하고, 이후 부부에게 당면한 고통을 바라볼 수 있어야 한다는 이야기다.

나를 배울 때
행복이 시작된다

그렇게 온전한 자기이해를 위해서는 자신의 과거 경험에서 비롯된 고통과 괴로움을 지금-여기에서 있는 그대로 바라보는 객관적인 자기이해와 수용이 필요하다. 고통을 수용한다는 것은 객관적인 근거를 가지고 자신을 진정으로 용서할 수 있다는 것이며 그러한 내면의 용서 과정을 통해 자신을 이해하게 될 때 비로소 지금의 문제 상황에서 초래되는 고통을 이전과 다르게 바라볼 수 있다. 그때 우리는 직면한 고통을 회피하지 않고 그것을 향해 한 걸음 내디딜 수 있는 용기를 얻고, 기꺼이 관계 속에서 행복을 느끼는 삶의 생기를 회복하게 된다.

물론 이 모든 행복을 위한 여정은 본인의 선택 과정과 함께한다. 나는 여러분이 어떤 선택을 하든 그 선택을 존중할 것이다. 당부하고 싶은 것이 있다. 자신의 삶의 가치를 향해 나아갈 때, 그것을 실현하기 위해 수많은 선택을 경험할 때, 무엇보다도 자신에 대한 객관적인 이해를 우선하라. 그렇다면 어떠한 선택을 하더라도 그것에 기꺼이 동참할 수 있는 자신을 발견하게 될 것이다.

꼭 기억해 두길 바란다. 우리 모두가 자기 자신을 이해하고 외롭지 않게 더불어 살아갈 그날을 기약하기 위해, 지금까지의 여정은 다른 누구를 위해서가 아니라 바로 당신 자신을 행복하게 돌보기 위한 과정이었음을 말이다.

내 안의 참모습을 발견하고, 이해하고, 인정하는 시간

나를 읽어 주는 심리책

© 김미숙 2021

1판 1쇄 2021년 4월 12일
1판 2쇄 2021년 11월 24일

지은이 김미숙
펴낸이 유경민 노종한
기획마케팅 1팀 우현권 **2팀** 정세림 현나래 유현재 서채연
기획편집 1팀 이현정 임지연 **2팀** 박익비 **라이프팀** 박지혜 장보연
책임편집 이현정
디자인 남다희 홍진기
펴낸곳 유노북스
등록번호 제2015-000010호
주소 서울시 마포구 월드컵로20길 5, 4층
전화 02-323-7763 **팩스** 02-323-7764 **이메일** uknowbooks@naver.com

ISBN 979-11-90826-49-5(03180)